Diên Biên Phu

par René Bail

– Le texte et la plupart des légendes sont de **René Bail**.

– La maquette de Francine Gautier.

– Les cartes sont de Bernard Paich.

– Composition et mise en pages de Marie-Claire Passerieu, photogravure par Christel Lebret, Christian Caïra et Laurent de Guernon.

ISBN 2 84048 099 9

Table des matières

Préface

Les événements ayant marqué des tournants dans la marche du monde sont relativement peu nombreux. Certes, et particulièrement à notre époque de battage médiatique, tel auteur, tel présentateur qualifiera-t-il « d'historiques » des faits banals, dans le seul but, bien souvent, de se valoriser lui-même. Certains se laisseront abuser, sans doute, mais peut-être moins qu'on ne veuille bien le dire ou le compter ; la majorité, elle, un peu désabusée, n'y voit que la confirmation de sa légitime méfiance vers des moyens d'emprise qu'elle refuse. Il n'en reste rien dans la conscience des peuples.

Certains faits, par contre, sont reconnus immédiatement comme différents, voire importants. Entrés dans l'actualité brutalement, avec souvent un fort impact émotionnel, ils restent gravés, même si certains dirigeants politiques ou autres du moment, cherchent à les occulter ou à dévier l'attention. Mais le message passe, fait son chemin, dérangeant, aboutissant à des conséquences beaucoup plus lourdes que prévisibles au départ.

La Bataille de Diên Biên Phu fait partie de ces événements. Elle marque un moment de l'Histoire, comme un formidable coup de gong en finale du deuxième conflit mondial, à l'orée, à l'origine souvent, des phénomènes de décolonisation.

Faisons un rapide retour en arrière.

Août 1945. La capitulation du Japon a mis fin officiellement aux hostilités, mais de nombreux pays, dont ceux de l'Indochine française, restent en proie aux conséquences de l'occupation ou à divers processus de déstabilisation.

L'emploi du feu nucléaire a épargné des milliers de vies humaines, mais une certaine « mauvaise conscience » de cet emploi fait oublier, ou s'atténuer, le souvenir des formidables combats de la guerre du Pacifique, l'héroïsme des combattants, Américains du Nord pour la plupart.

Les nations occidentales (Grande-Bretagne, Pays-Bas) reviennent – provisoirement – sur leurs territoires ; la France reprend sa place en Extrême-Orient et ses soldats, dont beaucoup sont des libérateurs du territoire en 1944, débarquent pour rétablir la paix.

Ils sont immédiatement confrontés à une insurrection très marquée idéologiquement et puissamment aidée de l'extérieur, surtout depuis l'arrivée aux frontières des Chinois communistes. Cette aide permet au Viêt-minh, après une phase active de guérillas, de mettre sur pied une véritable armée, au nord du pays, alors qu'il occupe des territoires en Annam où nous ne sommes jamais revenus ; au sud par contre, le retour à une vie « normale » se précise, malgré la présence d'éléments infiltrés très actifs.

Ses méthodes sont celles d'un communisme qui se veut pur et dur, régnant par la terreur et exaltant un sentiment nationaliste réel.

Nos forces y répondent par des séries d'actions plus ou moins heureuses dont certains replis catastrophiques ou des victoires très nettes. Le retournement de cette situation sera l'œuvre du Maréchal de Lattre au moment où l'indépendance complète est accordée aux Etats devenus « associés ».

Reconnus à l'échelon international, ils disposent d'armées nationales, aux côtés desquelles nous nous plaçons pour assurer la liberté de leurs pays. Ils administrent leurs territoires.

Les U.S.A. prodiguent une aide matérielle de plus en plus importante à ces actions.

Les pays dits de l'Est, approuvés par une partie de l'opinion française, condamnent cette « sale guerre », salissant ses soldats, sabotant ses moyens.

Les différents gouvernements de la France depuis 1944 n'ont accordé que peu d'importance aux affaires d'Extrême-Orient, ils ont laissé pourrir la situation au gré d'événements qui semblent les dépasser.

Le Président du Conseil du moment (1953) demande alors au successeur du Maréchal de Lattre de lui proposer un plan, qu'il adopte, tout en lui refusant les moyens supplémentaires demandés. Ce sera la reprise de l'offensive, (opération « Hirondelle » à Langson, « Atlante », débarquement en Annam, Seno...) et l'objectif de casser le Corps de bataille Viêt-minh ; site retenu, Diên Biên Phu.

Novembre 1953. Une opération aéroportée parfaitement réussie au centre de cette « cuvette », de 16 km x 7, en place un premier élément ; 4 500 combattants (fin novembre) prennent position, dégagent les abords, remettent en service le terrain d'aviation, cordon ombilical dont tout le dispositif dépend. L'ennemi, surpris, se reprend rapidement et réagit très vivement aux raids de reconnaissance et de destruction de la DCA.

Les relèves d'unités ramènent à Hanoi la plupart des unités parachutistes engagées en novembre, mettant en place un dispositif qui, en mars 1954, sera de 10 813 hommes dont 33 % de Vietnamiens, 24 % de légionnaires, 22 % de métropolitains, 20 % d'Africains.

L'effectif Viêt-minh, autour de la « forteresse » est de l'ordre de 100 000 dont 5 divisions organiques (1 lourde).

13 mars : un déluge d'acier marque le début de l'offensive attendue (désirée par certains) depuis janvier.

La brutalité de l'action, l'agressivité des assaillants, malgré des pertes effroyables, font des ravages sur les pitons : nous perdons les points d'appui nord et nord-est.

A partir de ce moment les combats dureront 57 jours, difficiles à décrire, faits d'actions collectives coordonnées, d'actes individuels, de replis, de contre-attaques victorieuses mais terriblement meurtrières.

57 jours où le combattant livré à lui-même, car aucun avion ne peut plus atterrir depuis le 26 mars, aura assez de ressources personnelles pour faire face à un ennemi toujours renouvelé, de courage pour revenir au combat, même blessé, de respect de l'autre pour cohabiter dans les antennes chirurgicales avec son ennemi d'hier soigné comme lui par des médecins exemplaires.

57 jours où le combattant trouvera dans l'exemple de ses chefs, la camaraderie et la fraternité d'armes, les moyens de surmonter sa peur, de toujours repartir, épuisé physiquement, mais debout.

57 jours, vécus dans le fracas, la puanteur, l'adaptation permanente et l'espoir jamais perdu... jusqu'au jour où tout bascula dans le silence, l'horreur de la marche lente à la mort, la désespérance des camps d'extermination communistes.

Ceux qui en sont revenus en resteront à jamais marqués, gardant, comme dans un jardin secret, le souvenir de combats et de populations aimées, livrées à ses bourreaux.

Ils ne parleront pas, car le pays ne veut pas entendre. Il leur faudra attendre 40 ans pour que soient reconnues la justesse de leur cause, la valeur de leur engagement.

Et pourtant il y a longtemps que le terme de « Diên Biên Phu », à l'échelon du monde signifie bataille perdue certes, mais héroïsme du soldat, abnégation, honneur des armes.

Dans la « Saga » du Pacifique, Diên Biên Phu tient en effet une place à part.

Ce fut le dernier combat de cette extraordinaire armée de l'Union Française, héritière des armées françaises, de l'armée d'Afrique, de la coloniale. Seul le génie de la France pouvait rassembler sous le même drapeau, pour la défense de la Liberté tous ses ressortissants de l'Empire venus défendre la « Mère-Patrie » en 1914 et la libérer en 1944, avant de continuer le combat jusqu'au bout avec leurs frères d'armes vietnamiens, laotiens, cambodgiens. Car aucun ne fléchit et parmi les derniers renforts arrivés par parachutage début mai à Diên Biên Phu, aucun n'était breveté parachutiste et plus de la moitié étaient vietnamiens.

Ce fut un combat totalement désintéressé, comme le soulignait déjà le Maréchal de Lattre de Tassigny, car nous ne défendions que la Liberté de ces pays, totalement étrangers aux mesquineries mercantiles de certains détracteurs, confondus après la chute du mur de Berlin.

Ce fut un combat « d'Hommes » soutenu par leur formation aux valeurs de l'effort, de la solidatiré, du don de soi, alliés à une parfaite connaissance technique de leur métier à tous les échelons.

Ce fut un combat « d'Hommes Libres », face à des adversaires fanatisés esclaves d'une idéologie ; ils ont honoré leur contrat dans les conditions les plus invraisemblables, combattants de l'impossible, parce que pour eux le sentiment de « Fidélité » avait la même résonance que celui de « l'Honneur », honneur des armes, honneur du soldat.

Ce fut un combat qui les dépassait parfois ; dans sa finalité, bien sûr, car chacun ne combat qu'à son échelon, dans son ampleur qu'ils découvriront plus tard, dans son horreur qu'ils surmontèrent.

Mais chaque fois ils surent s'adapter, agissant selon une conception formelle du devoir, ils savaient et ils prouvèrent que l'Homme quand il le veut, est plus grand que l'Homme.

Et c'est peut-être finalement le seul message qu'ils aimeraient que retiennent l'Histoire.

Général René de Biré,
Président de l'Association
Nationale des Combattants
de Diên Biên Phu

Glossaire

A.C.P. : Antenne Chirurgicale Parachutée.

B.C.C.P. : Bataillon Colonial de Commandos Parachutistes.

B.D.A.P. :Bataillon Divisionnaire Aéroporté.

B.E.P. : Bataillon Etranger Parachutiste.

B.M. : Bataillon de Marche.

B.P.C. : Bataillon Parachutiste de Choc ou Coloniaux.

B.P.V.N. : Bataillon de Parachutistes Viêtnamiens.

B.T. : Bataillon Thaï.

C.C.B. : Compagnie de Commandement de Bataillon.

C.E.F.E.O. : Corps Expéditionnaire Français en Extrême-Orient.

C.M.M.L.E. : Compagnie Mixte de Mortiers de Légion Etrangère.

C.R. : Centre de Résistance.

C.R.A. : Compagnie de Ravitaillement par Air.

D.B.L.E. : Demi-Brigade de Légion Etrangère.

D.I.C. : Division d'Infanterie Coloniale.

Di.N.ASSAUT : Division Navale d'Assaut.

D.Z. : Dropping Zone.

Eva. San. : Evacuation Sanitaire.

F.T.N.V. : Forces Terrestres du Nord-Viêt-Nam.

G.A.P. : Groupement Aéroporté.

G.A.T.A.C. : Groupement Aérien Tactique.

G.B. : Groupe de Bombardement.

G.C. : Groupe de Chasse.

G.C.C.P. : Groupement Colonial de Commandos Parachutistes.

G.C.M.A. : Groupement de Commandos Mixtes Aéroportés.

G.M. : Groupement Mobile.

G.O.N.O. : Groupement Opérationnel du Nord-Ouest.

G.T. : Groupement de Transport.

L.C.M. : Landing Craft Motor.

L.C.T. : Landing Craft Tank.

L.S.S.L. : Landing Ship Support Large.

L.S.M. : Landing Ship Material.

P.A. : Point d'Appui.

P.K. : Point Kilométrique.

R.A.A. : Régiment d'Artillerie d'Afrique.

R.A.C. : Régiment d'Artillerie Coloniale.

R.A.I.P. : Régiment d'Artillerie Légère Parachutiste.

R.C. : Route Coloniale.

R.C.P. : Régiment de Chasseurs Parachutistes.

R.E.I. : Régiment Etranger d'Infanterie.

R.P. : Route Provinciale.

R.T.A. : Régiment de Tirailleurs Algériens.

R.T.M. : Régiment de Tirailleurs Marocains.

S.A.S. : Spécial Air Service.

S/G.M.M.T.A. : Sous-Groupement des Moyens Militaires de Transport Aérien.

DIÊN BIÊN PHU

1 - Le camp retranché face au Viêt-Minh

par René Bail

Pour un plan qualifié de Navarre...

Le 20 novembre 1953, à 4 h 30 locale, le C-47B « Dakota » n° 476 356 (indicatif : F-RBGI) « Seigneur India » du Groupe de transport (GT) 2/64 « Anjou » décolle avec huit heures d'autonomie du terrain de Gia Lam, un des deux terrains d'Hanoi et, tout en prenant de l'altitude, le pilote le met au cap 290.

A bord ont embarqué des passagers de marque : le général Bodet (air), adjoint au général Navarre, nouveau commandant en chef en Indochine, le général Jean Gilles, surnommé le « cyclope » parce qu'il est borgne, commandant les troupes aéroportées en Indochine (TAPI), le général Dechaux (air), commandant le groupe aérien tactique Nord (GATac-Nord) et le colonel Nicot, commandant le sous-groupement des moyens militaires de transport aérien en Extrême-Orient (S/GMMTA en E.O.). Il y a également du personnel météo et des radios, ainsi que plusieurs postes, en supplément et préréglés sur des fréquences opérationnelles.

Ce « Dak » a pour mission première de se porter à environ 300 km de la capitale du Tonkin, d'y assurer une reconnaissance-météo au-dessus de la haute région du Tonkin et, principalement, sur la vallée de Diên Biên Phu. Suivant les possibilités, le « staff » décidera éventuellement de larguer quelques groupes de parachutistes qui seront chargés « d'éclairer » les *dropping-zones* (DZ) et de les baliser avec des fumigènes, si l'opération « Castor » reçoit, temps permettant, le feu vert du « généchef ».

Aux environs de 6 heures, « Seigneur India » arrive au-dessus de Diên Biên Phu, du moins à l'estime, car c'est le QGO complet (1). Un crachin que les Bretons ne renieraient pas, absorbe le paysage, bouffant les crêtes qui ceinturent la vallée de « Diên » ; c'est la crasse !

Le « Dak » orbite large, en attente, tandis que Dechaux, Bodet et Nicot, questionnent et écoutent un sous-officier-météo et un pilote chevronné des transports qui a déjà pratiqué le secteur. La couche est épaisse, mais nul n'ignore que ce crachin, particularité de la haute région, même durant la saison sèche, risque fort de s'estomper avec le jour que l'on sent pointer à l'Est et que le brouillard, après avoir laissé émerger le soleil, va ainsi disparaître peu à peu.

A 7 heures, après concertation et avis partagés entre les divers protagonistes, un message chiffré est envoyé à Hanoi : « QBI (2) - Brume en voie de se dissiper sur Diên Biên Phu. »

La plus grande opération aéroportée de la guerre d'Indochine allait être lancée, *Alea jacta est...*

(1) Symbole du code Q signifiant l'interdiction d'utilisation d'un terrain.
(2) QBI : Symbole du code Q. Les consignes de sécurité pour mauvaise visibilité sont en vigueur.

Comment en est-on arrivé là ?

– Mai 1953. Depuis la capitulation du Japon, le 15 août 1945, suivi d'un rétablissement apparent de la souveraineté de la France en Indochine, grâce à la libération, bien que tardive, des troupes françaises internées lors du coup de force japonais du 9 mars 1945, et de l'arrivée des premiers détachements du corps expéditionnaire français en Extrême-Orient (CEFEO), placés sous les ordres du général Leclerc, commandant en chef en Indochine et, adjoint, malheureusement pour lui, du vice-amiral d'escadre Thierry d'Argenlieu, nommé Haut-Commissaire de France en Indochine (« Haussaire »), qui veut conserver son état-major personnel et le commandement des Forces navales en Extrême-Orient (FNEO), le Viêt-Minh est entré en guerre, le 19 décembre 1946, contre la France

Les gouvernements qui se sont succédé n'ont pas réussi à régler la question, qui semble tabou, de cette guerre d'Indochine, de mettre un terme à cette « sale guerre » qualifiée ainsi par le parti communiste.

Il y a eu, en comptant le gouvernement provisoire du général de Gaulle, dix-huit ministères jusqu'à ce jour de mai 1943, quand René Mayer, président du Conseil, convoqua le général de corps d'armée Henri Navarre pour lui annoncer qu'il allait être désigné comme commandant-en-chef en Indochine. Il sera le huitième nommé à ce commandement.

Navarre, officier des troupes métropolitaines, ne connaissait rien des colonies et encore moins de l'Indochine. Il était à l'époque, chef d'état-major pour le commandement du théâtre d'opérations Centre-Europe dont le maréchal Juin avait la charge, à Fontainebleau.

Navarre se rend aussitôt auprès de Juin, espérant qu'il se mettrait en travers de cette désignation, car il n'y avait que sept mois qu'il exerçait ses fonctions à l'OTAN et les conventions interalliées stipulaient que tout officier, mis à la disposition des états-majors intégrés, devait y rester au moins deux ans. Etonnement du général en entendant son supérieur refusant de s'opposer à sa nomination et d'autant plus que le président du Conseil l'avait jugé qualifié. Juin avait la mémoire courte, car en novembre 1950, après le désastre de la route coloniale n° 4, qui aurait dû servir d'avertisseur, il avait été sollicité pour prendre le commandement en Indochine. Il avait refusé en déclarant « qu'il ne connaissait que le Maroc ». Ce qui ne l'a pas empêché de faire plusieurs voyages d'inspection ou d'information en Indochine, comme récemment, en février 1953. Alors, pour un général qui n'y connaissait rien... qu'allait-il y faire ? La désignation prenait effet le 8 mai et le 10, Navarre passa les consignes du général de Lassus, son ancien chef d'état-major, rappelé en activité parce qu'il n'y avait pas grand monde disponible et que Lassus n'avait quitté ses fonctions que depuis peu.

Le Pasteur, transport de troupes vers l'Indochine. Il représente, pour certains une légende, ou laisse un souvenir mitigé aux autres... Un officier, commandant d'armes à bord, fera campagne à bord avec tous les avantages de carrière, au gré des rotations, tout en faisant des bénéfices juteux, grâce à de nombreux trafics.

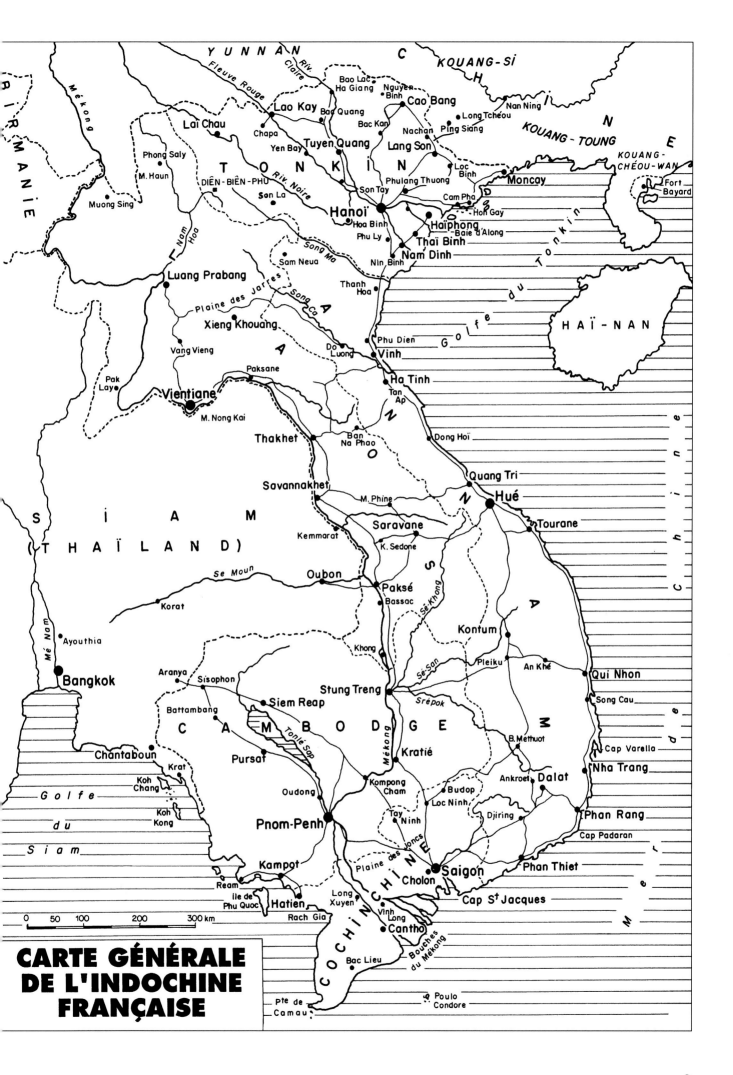

CARTE GÉNÉRALE DE L'INDOCHINE FRANÇAISE

3

1 - La presqu'île de Do Son où est basée une partie des commandos du Nord-Vietnam.

2 - Les mines d'Hong-Gay qui ont souvent été l'objet de convoitises internationales et, au fond, la baie d'Along.

3 - Le fleuve Rouge au sud de Lao Kay. Une vue apaisante pour un climat de guerre.

H.145_FLEUVE ROUGE SUD LAOKAY

4

4 - Base de Gia Lam, au nord-est de Hanoi où l'on regroupe des C-47 « Dakota », des FGF « Hellcat ».

5 - La base de Bach-Mai, située au sud-ouest de Hanoi. Indicatif radio « Hanoi La Baume ». Sur ces parkings se regroupent des Morane-500 (« Criquet »), des NC-701 Siebel, des F8F « Bearcat », des SB2-C5 « Helldiver », des AV-1 « Corsair ».

5

L'oncle Hô... Hô Chi Minh - révolutionnaire patenté, membre du Komintern, de la IVe Internationale. Il demandera le soutien à tous pour aussi bien les trahir ensuite.

Qui est Hô Chi Minh ?

Il est né le 19 mai 1890, dans le petit village de Kim Liên, sous le nom de Nguyên Sinh Cang, en pleine période de la colonisation et, en même temps, de la révolte. Son père, un lettré, ayant passé le concours de lettres chinoises, se vit conférer le titre de Phô Bang (docteur suppléant). Après divers postes d'enseignants à Hué et à Thanh Hoa, il fut nommé secrétaire au ministère des Rites, au palais de Hué, puis sous-préfet de Binh Khé. Puis, s'étant heurté à l'administration française, il fut révoqué. Il devait mourir en 1930.

La sœur aînée du jeune Nguyên Sinh Cang, tout en pratiquant la médecine orientale, avait trouvé un travail complémentaire dans une popote de sous-officiers. Contactée par des amis révolutionnaires, elle avait accepté de subtiliser des armes pour des maquisards. Arrêtée, elle fit plusieurs années de prison. Son frère Kiem, qui enseignait le *Quoc-Ngu* (transcrit romanisé du viêtnamien) ne se fit guère remarquer comme nationaliste.

Après des études studieuses à Vinh, puis au collège Quôc Hoc à Hué, le jeune Nguyên Sinh Cang termina ses études à Saigon.

Si tu ne vas pas à la Révolution...

Ayant choisi le nom de Ba, il part pour la France en embarquant comme aide-cuisinier sur le *Latouche-Tréville*. Ba va naviguer durant trois ans et, en 1917, il met son sac à terre. La capitale l'attire et, pendant six ans, il va fréquenter les milieux de gauche, de la rédaction du *Populaire*, celle de la *Vie ouvrière* et se révèle un militant particulièrement motivé et actif.

En 1919, lors de la conférence de Versailles, le jeune annamite tenta de s'approcher des présidents Wilson, Lloyd George et Clemenceau pour leur soumettre un plan de colonisation. Il ne put approcher.

Inscrit au parti socialiste, Ba se rend au congrès de Tours (décembre 1920) où il rencontre Marcel Cachin, futur dirigeant du parti communiste. Le 2 avril 1922, ce militant indochinois crée le journal *le Paria*, signant Nguyen Ai Quoc, un de ses premiers pseudonymes. Ses titres sont clairs et offensifs, dignes d'un « bolchevik jaune ».

A l'occasion du IVe congrès de l'Internationale communiste, il se rend à Moscou. Il s'absente ensuite, le temps d'un bref retour à Paris, puis on le retrouve à Moscou, peu de temps après la mort de Lénine, qu'il va honorer par un article dans la Pravda, organe officiel du Comité Central. Il fréquente assidûment les animateurs du *Komintern,* et participe au Ve Congrès de l'Internationale Communiste, au cours duquel il n'hésite pas à critiquer l'inertie du parti communiste français vis-à-vis des affaires coloniales.

Janvier 1925, on le rencontre à Canton (Chine) aux côtés de Rorodine, comme consultant en politique des pays asiatiques. Canton semble être aussi bien l'antenne que le refuge des révolutionnaires annamites. De ce fait, Nhuyen Ai Quoc s'évertue à regrouper des jeunes et, en juin 1925, il crée l'Association de la jeunesse révolutionnaire du Viêt-nam, publiant une feuille ronéotypée, *Tranh niên*, dans laquelle, fait étonnant, il n'affiche pas de conviction communiste.

En revanche, en 1926, le Chemin de la révolution laisse émerger ses orientations marxistes-léninistes. Non content de cela, il donne encore des cours de marxisme tout en conseillant à ses fidèles de s'inscrire au P.C. chinois, à d'autres d'entrer à l'académie militaire de Moscou, ou à celle de Wampa, où Borodine, représentant de la IIIe Internationale auprès du *Kuy-min-Tang* ou *Guomindang*, a deux adjoints : Chou-en-Lai (politique) et Tchang Kai-chek (militaire).

Estimant que ses agents étaient prêts à l'action subversive, Nguyen Ai Quoc les fait passer en Indochine. Parmi eux, un fils de mandarin, Pham Van Dong. Le 3 février 1930, ces jeunes gens fondent le P.C. viêtnamien, alors que leur leader est au Siam. Six mois plus tard, changement de nom, le parti devient le P.C. indochinois. C'est à ce moment-là qu'éclate la révolte de Yen Bay, un échec, certes, mais une atteinte inattendue et sérieuse au pouvoir colonial ; la répression s'effectuera dans la foulée.

Inlassablement, Nguyen Ai Quoc va voyager, militer, enseigner et cela pendant plus de dix ans, depuis la république soviétique du Shan Si, fondée par Mao Tsé Toung, jusqu'aux écoles de cadres de l'Internationale de Moscou. Puis des voyages de Hong Kong, au Siam, Canton encore et à Berlin. Arrêté à Hong Kong, un communiqué laisse entendre que Nguyen Ai Quoc est mort dans sa cellule.

En février 1940, on le signale, officieusement, en Chine du Sud, où il retrouve des fugitifs du Tonkin. En juillet de la même année, les Japonais sont en Indochine...

Le 12 mai 1941, naissance du Viêt-minh, un parti d'obédience communiste, naturellement, et qui progressivement fera parler de lui. Le leader et ses militants s'installent dans la grotte de Pac Bo, à la frontière chinoise. Ai Quoc cherche également des appuis auprès du général Tchiang Fa Kwei, un seigneur de la guerre. Ce dernier le fait jeter en prison où il va se morfondre durant dix-huit mois, le temps d'écrire ses « Carnets de prison », recueil de poèmes écrit en chinois. Revenu à de meilleurs sentiments, le général chinois le libère et le fait venir auprès de lui pour travailler à la tête d'une organisation, le *Dong Minh Hoi*. Nguyen Ai Quoc fait mine d'accepter, une apparence, mais l'avenir était loin devant lui.

Celui qui éclaire...

C'est à cette époque qu'il prend le nom qui le rendra célèbre, Hô Chi Minh (celui qui éclaire). Entre-temps, le Viêt-minh s'est renforcé, grâce à Pham Van Dong, qui s'est évadé du bagne de Poulo Condore, des îles situées à l'Est de la pointe de Camau (Cochinchine) et Vô Nguyên Giap, qui a créé les premières unités de guérilla du parti. Giap est un fanatique, mais Hô, plus réfléchi, était un révolutionnaire lucide et s'il admettait que la phase de la révolution pacifique était dépassée, il n'en jugeait pas moins que l'heure de l'insurrection générale n'avait pas encore sonné. Toutefois, en décembre 1944, Hô laisse courir la bride et confie à Giap la brigade de propagande armée pour la libération du Viêt-nam.

Giap est d'abord un universitaire, licencié en histoire. En 1936, il rallia les rangs de la révolution. En 1939, il échappa à une rafle de la police, mais sa jeune femme fut arrêtée ; elle mourra en prison. Si l'on considère la vie pénitentiaire en Europe, rien qu'en lisant les romans d'Auguste le Breton, comme « les hauts murs », on peut se douter de ce qui peut se passer dans les prisons coloniales... C'est là que le général Giap a contracté cette haine maladive des Français...

Un pion international

En mai 1945, l'oncle Hô réalise que le Japon devient l'empire du soleil couchant. Décidé à jouer sur tous les tableaux, il rencontre des Américains basés en Chine, agents de l'OSS *(Office Strategic Service)* sans ignorer Jean Sainteny, de la Direction Générale des Etudes et Recherches (D.G.E.R.). Il comptera et se servira des Américains, des Chinois, des Français et même des Japonais pour en arriver à trahir et les uns et les autres. L'OSS se laisse pourtant séduire par le vieux révolutionnaire. Elle obligera un commando français issu de la compagnie Raudenon, à parachuter des armes et des médicaments à proximité de son sanctuaire de la haute région, où Giap forme ses cadres. La légende veut que Hô soit rentré au Tonkin en traversant la frontière sino-tonkinoise sur un cheval, malheureusement, c'est plus banal que ça, car c'est un avion, piloté par le lieutenant Phelan de l'OSS, qui l'a déposé tout près des grottes où étaient basés ses hommes.

Ces officiers de l'OSS, en fin de compte, ne font qu'appliquer les consignes politiques imposées par F.D. Rosselvelt, peu favorable à la France à la suite de différents avec le général de Gaulle, et prolongées un premier temps par Harry Truman, afin d'empêcher à tout prix que la France revienne en Indochine.

Composer avec les Français...

La conférence de Potsdam, où les Français n'ont pas été invités, a permis à nos « Alliés » de se partager le monde libéré des Allemands et des Japonais, mais ce monde n'était pas plus libre pour ça.

En 1945, il était prévu que les troupes japonaises, stationnées au Tonkin et au Nord-Annam, à hauteur du 16e parallèle, soient désarmées par les Chinois, tandis que les autres, se trouvant au Sud-Annam et en Cochinchine, le soient par les Britanniques.

Pour Hô Chi Minh, la chute du Japon représente l'occasion rêvée pour percer. Vô Nguyen Giap prend la route avec ses hommes à destination de Thai Nguyen, étape importante avant d'arriver à Hanoi.

Pendant ce temps, Hô Chi Minh lance le 15 août, un appel à l'insurrection générale. Les Japonais, toujours présents, laissent faire, comme les Américains de l'OSS d'ailleurs.

Le 25 août, après avoir reçu des émissaires de Hô dans son palais de Hué, l'empereur Bao Dai, sentant le danger, préfère abdiquer. En compensation, il devient conseiller dans le nouveau gouvernement Hô Chi Minh. Il avait déjà profité du coup de force japonais du 9 mars 1945, pour proclamer l'indépendance de son pays.

Le 2 septembre 1945, les représentants du gouvernement japonais signent l'armistice sur la plage arrière du cuirassé américain *Missouri*, mouillé en rade de Tokyo, face à leurs vainqueurs, parmi lesquels figurent le général américain Mac-Arthur, pour les Etats-Unis et le général Leclerc pour la France.

Le même jour, Hô Chi Minh proclame à Hanoi l'indépendance du Viêt-nam. Le 11 septembre, déclaration au congrès du parti communiste indochinois : « *Le parti prend à lui seul la direction du front viêtminh.* » Depuis longtemps, Hô a prévu de supplanter les autres partis nationalistes ultras ou anti-communistes, comme le *Dong Minh Hoi* et le *Viêt-nam Quoc Dan Dang*, tous deux pro-chinois.

Mais au sud, le 4 octobre, les Français débarquent à Saigon, après accord des Britanniques et particulièrement de l'amiral Lord Louis Mountbatten, le plus français des Britanniques. Le général Leclerc, commandant en chef en Indochine, a déclaré lors de son passage à Ceylan que la France était résolue à faire valoir ses droits sur l'Indochine, dût-elle pour cela faire parler les armes. Le général confirma ses dires lors d'une proclamation, en débarquant à Saigon. De tels propos ne peuvent que contrarier Hô Chi Minh. A Hanoi, où il contrôle tout, Hô Chi Minh empêche, comme les Chinois d'ailleurs, toute initiative de la part de Jean Sainteny, commissaire de la République, qui jusque là était bloqué à Kun Ming, en Chine, par les agents de l'OSS.

Il faut encore préciser que Sainteny, ancien de la DGER (Direction Générale des Etudes et Recherches) connaissait bien Hanoi où il avait travaillé avant-guerre. Dès la capitulation du Japon, il avait demandé au gouvernement provisoire du général de Gaulle, qu'on le nomme comme représentant officiel. Malgré de nombreux rappels, la demande demeura longtemps sans réponse et, c'est ainsi que la France avait perdu l'initiative face à Hô Chi Minh.

Entre-temps, les troupes chinoises, environ 200 000 hommes, ont passé la frontière pour désarmer, du moins c'est prévu ainsi, les Japonais vaincus, mais toujours présents et armés, gardant les points qui les intéressent. Mais leur premier souci est de razzier tout ce qu'ils peuvent emporter, depuis les miroirs et les poignées de portes dans les habitations, les robinetteries n'y échappent pas, des ustensiles, des outils et même des objets dont ils ignorent l'usage, le principal est que cela puisse être emmené.

Alarmé par les rapports qu'on lui fait sur le pillage systématique des Chinois, Hô réalise que les « fils du ciel » n'ont pas changé et qu'il est temps de changer le fusil d'épaule. La Chine, appelée aussi dans l'histoire l'Empire du Milieu, a souvent et longtemps occupé le Viêt-nam pour en tirer profit. Des pourparlers sont en cours, puis des négociations à Tchoung King entre ambassadeurs auxquelles participe le général Salan. L'objectif est non seulement, de prendre la relève des troupes chinoises au Tonkin, mais encore de laisser repartir les troupes françaises bloquées en Chine. Hô est favorable à ce mouvement de troupes. Une fois débarrassé des Chinois, il se fait fort de contraindre les Français à négocier encore et admettre l'indépendance.

Le retour des Français est accepté. Les Chinois, pour faire traîner, ont posé une condition, que Hô Chi Minh donne son accord officiel. Le 6 mars, une force navale, transportant des troupes, remonte le Cua Cam, rivière d'Haiphong, mais se fait tirer dessus par les Chinois du général Wang. L'ordre formel était de ne pas riposter, malgré les blessés et les ports. Pour un retour, ça manquait plutôt de force, de volonté de s'imposer.

Les Français débarquent les jours suivants, après d'autres négociations.

Le couloir politique se rétrécit

Sur le plan militaire tout étant apparemment réglé, le vieux révolutionnaire amorce la politique où il va se montrer plutôt retors.

Le 19 avril, une conférence s'ouvre à Dalat, mais c'est l'impasse. Le 1er juin, proclamation, sous l'impulsion de l'amiral Thierry d'Argenlieu, de la république provisoire de Cochinchine. Hô Chi Minh qui a toujours revendiqué la réunion des trois *Ky* (Tonkin-Annam-Cochinchine) affiche sa déception. Néanmoins, il a accepté de se rendre en France pour rencontrer les membres du gouvernement et réclamer l'indépendance reconnue du Viêt-nam. Le général Salan va l'accompagner.

Le 13 juin 1946, Hô, suivi de sa délégation, arrive en France, mais l'avion est dérouté sur Biarritz, car personne ne peut recevoir les visiteurs, du moins à titre officiel, la France, une fois de plus, n'a plus de gouvernement. Une période de tourisme qui dure jusqu'au 22 juin, date d'arrivée au Bourget où attendait Marius Moutet, ministre de la France d'outre-mer.

Le 6 juillet s'ouvre la conférence de Fontainebleau dont on ne sortira rien de concret et c'est pour ne pas donner une mauvaise impression, celle d'avoir perdu son temps, que Marius Moutet et Hô Chi Minh signent le 14 septembre, un *modus vivendi*.

La délégation rentre par le *Pasteur*, tandis que Hô prend passage sur l'aviso *Dumont d'Urville*. Le 17 octobre, l'aviso mouille en baie de Cam Ranh où attend l'amiral Thierry d'Argenlieu, à bord du croiseur *Suffren*. Invité à bord, le vieux révolutionnaire, ne peut éviter d'assister au défilé naval que lui a organisé l'amiral. Un peu plus tard, il confie à Salan : « *L'amiral a cru m'impressionner, mais ses navires seraient incapables de remonter les rivières.* »

De retour à Hanoi, le vieux leader rend compte aux militants du contenu du *modus vivendi*. Certains pensent que les concessions faites au gouvernement français sont trop importantes, mais personne ne se permet de le déclarer officiellement.

Le 3 novembre, Hô annonce la formation d'un nouveau gouvernement dont il devient le président, chargé également des relations avec l'étranger, Vô Nguyen Giap est ministre de la Défense. Ce dernier a, pendant le voyage de Hô en France, profité d'éliminer les représentants du *Dong Minh Hoi* et du *Viêt Nam Quoc Dan Dang*, partis pro-chinois. Ce qui laisse la voie libre au gouvernement dont le Viêt-minh détient les postes les plus importants.

Toutefois, les relations entre ce gouvernement et les autorités françaises sont de plus en plus mauvaises. Des incidents, sinon des provocations se succèdent, entraînant la mort de militaires ou de civils français. Chaque protestation reste sans réponse. Des commissions mixtes sont créées, mais elles n'ont aucune efficacité.

Le 20 novembre 1946, l'arraisonnement à Haiphong d'une chaloupe chargée de tonneaux d'essence, par l'équipage d'un LCA (Landing Craft Assault) met le feu aux poudres. Toute la cité indigène d'Haiphong se révolte et prend à partie tout ce qui peut représenter la France. Que ce soit les militaires, les civils et même les Eurasiens favorables à la France. Il y aura de nombreux morts et blessés et des disparus. Ce n'était qu'une répétition générale…

Le 19 décembre, le général Morlière, informé de ce qui se trame, ordonne que les troupes soient consignées, mais à 16 heures, il n'y a toujours rien, il libère les consignés. Un renseignement lui parvient vers 17 heures, il fait rappeler tout le monde et consigne de nouveau ses troupes.

A 20 heures, une grande explosion et la lumière qui s'éteint, donnent le signal. La ville s'embrase et les rafales, les fusillades résonnent de partout, des cris de hurlements se font entendre, mais Giap ne pourra que constater son échec, car les populations n'ont pas répondu à son appel.

Le lendemain, Hô Chi Minh lance, lui aussi, un appel à la lutte générale ; il ne sera pas plus suivi. La vraie guerre d'indochine vient de commencer.

1 - Le Groupement Aérien Tactique Nord (GATAC) logé à Hanoi. C'est de là que partent tous les ordres des interventions aériennes au Tonkin.

2 - 28 juillet 1953. La nouvelle équipe dirigeante en Indochine. De gauche à droite : Le général Hinh, chef d'état-major général des forces armées vietnamiennes, général de corps d'armée aérien Bodet, adjoint au général en chef, vice-amiral d'escadre Auboyneau dont c'est le deuxième commandement en Indochine, général de corps d'armée Navarre, « généchef ». M. Dejean, commissaire général de France auprès des Etats Associés, passant en revue la compagnie d'honneur de la marine à Tan Son Nhut. (ECPA.)

Navarre veut protéger le Laos

Quand Navarre arrive à Saigon, c'est le vide politique à Paris ; René Mayer est renversé. Il faudra trente-six jours avant que la France ne se trouve un autre gouvernement. Le « Généchef » a accepté son poste, tout en sachant qu'il était engagé dans une entreprise qui ne lui laissait guère d'alternative. Mayer lui avait dit : « *Nous nous sommes laissés enfermer dans une impasse, il faut maintenant trouver une sortie honorable pour la France.* »

D'autre part, le général Salan, arrivé en fin de séjour, fatigué par les campagnes précédentes, rentre en métropole, ainsi que le général de Linarès, commandant les forces terrestres au Tonkin, trop heureux de se décharger de leurs responsabilités sur leurs successeurs.

Etablir une stratégie sera difficile, car Navarre doit remplacer trois commandants de zone sur cinq dans le Delta, ainsi que celui du Laos. Pour l'armée de l'air, le général Chassin s'en va remplacé par le général Lauzun. En outre, une grande partie des officiers de son état-major, occupant des postes importants sont rapatriables. C'est la pratique de la « terre brûlée »…

Avant de quitter Paris, le général Navarre n'a pas eu vraiment le temps de prévoir des remplaçants, hormis de retenir le général Gambiez. Il lui faudra, malgré tout, alléger le personnel de son état-major et amplifier la coordination inter-armées. Dans le même registre, il faudra préparer l'intégration des officiers viêtnamiens, cambodgiens et laotiens ; ce qui n'est pas une mince affaire.

Le remplacement de Linarès pose des problèmes ; il n'y a que Cogny dont le choix lui a été déconseillé par plusieurs officiers et par Linarès lui-même. Il a également ajouté de s'en méfier. Des manœuvres font que Cogny reçoit sa troisième étoile et le commandement du Tonkin.

Pour s'opposer à la stratégie offensive du général Giap qui aligne sept divisions d'infanterie, plus une, dite lourde (artillerie), sans ignorer les régiments indépendants, les commandos zonaux et la logistique facilitée par l'approvisionnement de la Chine communiste, Navarre n'a que sept groupements mobiles (GM), dont un viêtnamien et leurs effectifs sont loin d'égaler ceux des divisions viêts. Evidemment, il y a les bataillons de parachutistes, des blindés, l'aviation, la marine avec ses flottilles amphibies. Le problème réside au niveau des relèves, car les renforts, il ne faut pas y compter ; rien que l'armée de l'air, qui n'honorera que le quart des desiderata. Le remplacement du matériel ? Il suffit de voir le visage de René Pleven, ministre, après tant de portefeuilles, de la Défense Nationale, les demandes d'effectifs, de ren-

3

4

forts, de matériel, lui portent grand ennui. En conclusion, Navarre devra tout faire... et ne rien demander.

En Haute région, la base aéroterrestre de Na San, installée fin 1952 et sur laquelle Giap s'était cassé les dents, n'a vraisemblablement plus d'utilité. Giap n'a laissé que des détachements pour faire écran et ne risque plus d'attaquer. Cogny souhaite récupérer la garnison désormais inutile de Na San (6 bataillons d'infanterie et un groupe d'artillerie). En outre, il faut encore compter le potentiel aérien qui est quotidiennement « bouffé » pour l'approvisionnement, alors qu'il y a d'autres missions qui se préparent...

L'évacuation est décidée. Le jour est fixé au 7 août. Il faudra quatre jours pour ramener tout le monde. Le matériel qui ne sera pas récupéré, devra être détruit sur place...

Tout va être exécuté en souplesse et ainsi 900 hommes sont évacués en quatre heures. Giap ne réalisera que le 10 août et ayant aussitôt envoyé sa division 312 depuis Yen Chau, celle-ci, retardée par les harcèlements des partisans des Groupements des commandos mixtes aéroportés (GCMQ), arrivera trop tard. Il retiendra la leçon.

3 - 19 mai 1953. Le général de corps d'armée Navarre, récemment nommé commandant en chef en Indochine, est accueilli à Tan Son Nhut par M. Letourneau, ministre depuis 3 ans chargé des relations avec les Etats associés et haut-commissaire de France en Indochine.

4 - La « garde montante » de l'air, le général Bodet qui sera l'adjoint-air du général Navarre salue le départ de son prédécesseur le général Chassin. Derrière, l'amiral Auboyneau.

5 - L'empereur d'Annam Bao Daï arrive à Tan Son Nhut le 28 octobre 1953, avec le général Navarre, le contrôleur-général Gauthier, le président Van Tam, des ministres vietnamiens et le général de division Van Hinh, commandant en chef de l'armée vietnamienne.
(Photos ECPA.)

5

Le groupement de commandos mixtes aéroportés

Les maquis sacrifiés

Au début de 1953, le commandement, informé des intentions du général Giap à l'encontre du pays Thaï et du Nord-Laos, et conscient de la faiblesse de ses moyens conventionnels, demande au groupement de commandos mixtes aéroportés de prendre en main, dans les régions menacées, les minorités ethniques traditionnellement hostiles aux Viêtnamiens.

Ces maquis mènent des opérations qui auraient pu être sensationnelles, si on avait voulu en parler, mais comme l'encadrement était généralement assuré par des officiers subalternes et des sous-officiers, on a préféré, dédaigneusement, les ignorer. Pour le commandement « classique », ils étaient des gêneurs.

Créés par le lieutenant-colonel Grall, en 1951, qui conservera ce commandement jusqu'en 1953, lors de son remplacement par le commandant Trinquier, ces commandos, formés avec des partisans issus des minorités ethniques (Méos, Nungs) vont être chargés de nombreuses missions, qui vont du débarquement en zone ennemie, au parachutage d'agents, de l'implantation de radios clandestins aux filières d'évasion, de la guérilla à la contre-guérilla, à la destruction d'objectifs ponctuels à la prise en main de populations (minorités ethniques ou religieuses) à la constitution de maquis et de groupes d'autodéfense.

Giap se méfiait toujours, lors de ses offensives, des harcèlements, des coups ponctuels portés contre ses unités et particulièrement, ses colonnes de coolies (porteurs) assurant l'approvisionnement de ses divisions en mouvement. La plupart des cadres européens qui ont été capturés par les Viêts, ont été torturés et exécutés.

En 1953, l'appui du général Navarre permet au GMI (groupement mixte d'intervention) d'intensifier leur action. De vieilles rancunes qui couvaient dans les états-majors et chez certains chefs de secteur, avaient fait changer leur appellation et leurs statuts. Les GMI n'appartenaient plus aux troupes aéroportées et ainsi, les cadres européens allaient disparaître des listes de solde à l'air. D'autre part, le général Gilles, le « cyclope », commandant les TAPI (troupes aéroportées d'Indochine) qui avaient une dent contre les GCMA, pouvait tarir une source de recrutement des cadres européens.

Certains maquis, comme « Colibri et Aiglon » actifs en pays Thaï, regroupent environ 3 000 partisans. Ils réussiront à couvrir l'évacuation, sans coup férir du camp de Na San. Il n'est pas encore temps de savoir ce qui leur arrivera plus tard...

1

1 - Le vice-président du conseil, après tant de portefeuilles, Paul Reynaud est venu en inspection à Na San. On ne peut qu'admirer les risques pris par le ministre... Depuis le temps, en 1940, lorsqu'il a grandement déclaré : « La route du fer est coupée », avant de prendre la route et se replier à Bordeaux.

2 - Le général Salan est venu en inspection à Na San, après les attaques de novembre-décembre 1952. La base aéroterrestre a résisté à Giap.

3 - Opération de dégagement, d'évacuation surprise de la base aéroterrestre de Na San qui n'a plus de raison d'être. Par un pont aérien qui se déroule entre le 8 août et le 12 août 1955, 150 C-47 « Dakota » vont enlever les troupes, sous la protection de six B26 et 17 « Bearcat » qui bombarderont les dépôts abandonnés. Ici, un C-47 roule au sol pour prendre ses « passagers ». Giap n'aura pas le temps de réagir.

4 - On démonte Na San. Un Bristol 170 Freighter, les portes avant ouvertes, s'apprête à avaler son frêt. Une fois de plus, l'armée a réquisitionné les appareils civils.

(Photos ECPA.)

2

3

4

11

5 - Démontage de Na San. Les uns partent… les autres restent !

6 - Opération de dégagement de Na San. Le dernier C-47 « Dakota », le « Zoulou-Tango » du commandant Fourcaut, « patron » du G.T. « Franche-Comté » va décoller à 12 heures, après avoir embarqué le matériel de la tour de contrôle et le gonio. Le cap familier « 270 » est abandonné. Du moins on le pense… A voir !

7 - Le terrain de Na San « démilitarisé »…

(DR.)

Le groupement de commandos mixtes aéroportés

1 - L'état-major de Hanoï, en septembre 1953, décide de tenter une action spectaculaire pour créer une sorte de diversion. Ici des commandos du G.C. M.A. assistant au briefing sur une maquette représentant la région de Lao Kay - Coc Leu - Ho Keou. Le but est une opération commando pour faire sauter le pont international reliant Lao Kay à la Chine.

2 - Pham Duc Long. D'origine tho de la région de Luc An Chau, il est ex-sergent de la garde indigène puis devenu officier de l'armée viêtnamienne en 1952, il se porte volontaire pour les G.C.M.A. (groupement des commandos mixtes aéroportés). A la dissolution de cette unité, il va réintégrer l'armée viêtnamienne.

3 - Document provenant du briefing pour l'attaque du pont de Lao Kay. L'action débute le 6 octobre 1953. Le lieutenant Long et 40 commandos sautent aux environs de Coc Leu, près du pont international. Simultanément, 600 partisans commandés par Se Co An, chef traditonnel des Nyangs et lieutenant supplétif attaquent Coc Leu, surprenant deux compagnies viets qui s'enfuient, abandonnant 150 tués. Les partisans n'ont que trois tués et dix blessés. Le pont sautera, mais il n'y avait pas assez d'explosifs ; le pont sera fissuré. Toutefois, les convois ne pourront le traverser qu'au ralenti.

1 - Opération « Hirondelle » (17 au 21 juillet 1953). Les paras sautent sur Lang Son. Opération ponctuelle, comme de la poudre aux yeux pour le gouvernement. C'est la « photo » connue d'« Hirondelle ». Le para, au premier plan, est un « toubib ». (ECPA.)

2 - L'état-major d'Hanoi a profité du regroupement des bataillons paras à l'occasion du 14 juillet pour larguer, dès le 17 juillet, le 6e BPC et le 8e GCP sur Lang Son. Un raid sur les arrières du Viêt-Minh. Un succès net, mais à condition de ne pas traîner sur les lieux. Ici, parlant à la radio, le colonel Ducourneau qui commande l'opération « Hirondelle ». (ECPA.)

3 - Schéma de l'opération « Hirondelle » montrant la situation des grottes de Ky-Lua.

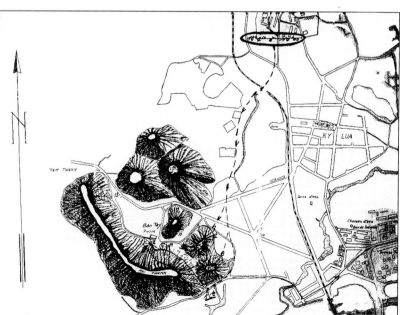

Opération du plan Navarre

On distingue deux phases :

– Durant la campagne 1953-1954, prévue comme très dure, il est impératif de pouvoir contenir, de fixer l'adversaire, tout en constituant, en même temps, un corps de bataille.

– Cet objectif atteint, il faudra profiter de la campagne 1954-1955, pour engager l'adversaire sur l'ensemble des fronts dans le but de le détruire, grâce à l'apport de l'armée viêtnamienne de Bao Daï, actuellement en pleine croissance.

Dans les deux cas, les approches ne sont guère faciles. Il est plus prudent dans la situation actuelle de rester sur une défensive stratégique au Tonkin, tout en mettant des actions ponctuelles offensives.

C'est ainsi que le général Cogny joue à « l'intox », en exigeant lors de la fête nationale, un défilé qui impressionne. Connaissant sa passion des grandes prises d'armes, héritée de son ancien chef, le général de Lattre de Tassigny, tout le monde donne dans le panneau, les militaires, les civils et les agents viêts. Trois bataillons de paras, amenés spécialement à Hanoi, défilent avec un armement et des équipements impressionnants, survolés par les Dakotas des Groupes de transport (GT), les Bearcats des groupes de chasse (GC) et les B-26 des groupes de bombardement (GB).

Satisfait de l'effet produit, Cogny accorde trois jours de quartier libre aux bataillons de paras. C'est là que se situe le coup de bluff...

Le 17 juillet, les C-47 « Dakotas » décollent des deux terrains de Hanoi, escortés des « Bearcats », officiellement pour ramener les paras dans leur base. Tout le monde le croît d'ailleurs...

Trois quarts d'heure plus tard, déclenchement de l'opération « **Hirondelle** ». Le 6e BPC, du chef de bataillon Bigeard et le 8e GCP du capitaine Tourret sautent sur Lang Son. Ce coup ponctuel permet de faire sauter les réserves d'armement, des stocks de matériel, des camions « Molotova ». Pendant ce temps, le 2e BEP du capitaine Merglen a sauté sur Loc Binh, en recueil. Au total, 2 001 paras ont sauté.

Toute l'opération, dirigée par le lieutenant-colonel Ducourneau sera menée de main de maître. Le repli se fait partiellement en camion, ceux du GM 5, la marine prend la relève avec ses engins amphibies et ramène tout le monde à Haiphong, puis à Hanoi.

Giap n'a pas réagi assez vite. Quand ses compagnies vont arriver sur les lieux, ce ne sera que pour voir s'éloigner les camions.

Au moment où se déroulait « Hirondelle », Giap était en plein briefing avec ses adjoints d'état-major, pour remanier son dispositif, le but étant de préparer l'offensive générale qu'il compte lancer prochainement. Il veut venger son échec à Na San.

Le 28 juillet à l'aube, déclenchement de l'opération « Camargue », afin de faire une diversion permettant de dégager le Moyen Laos. L'attaque se déclenche à partir d'un débarquement au nord de Hué, dans une zone de lagune. Déploiement important d'engins amphibies du 1er REC, dix bataillons, des commandos-marine, deux groupes d'artillerie. Beaucoup de monde sur le terrain, mais pour un résultat décevant, car les Viêts se sont dérobés : le régiment 95 s'est littéralement évanoui dans la nature. Le 4 août l'opération est démontée.

Après diverses opérations de moindre importance, le commandement déclenche, le 15 octobre, l'opération « Mouette », placée sous les ordres du général Gilles, trop heureux de s'être tiré de Na San. Le but est de détruire les dépôts de la division 320, dans la région de Phu No Quan et dans les calcaires de Thonh Ao. Après divers accrochages, le commandant de la division 320 fait ses bilans : il déplore environ 1 000 tués, 182 prisonniers et quelque 2 500 blessés. La plupart de ses dépôts ont été détruits ou pillés. Il lui est nécessaire de prendre du recul, de se réserver deux à trois mois pour être à nouveau opérationnel.

Le 7 novembre, démontage de l'opérration « Mouette ».

5 - L'arsenal Viet était caché dans des grottes des calcaires de Ky-Lua. A droite, la grotte de Tam-Than, objectif de la compagnie indochinoise parachutiste qui contenait 20 tonnes d'armement, 1 000 F.M. en caisses et 4 camions Molotova. Deux mitrailleuses la couvraient.

4 - « Preuve en est qu'on y était » c'est peut-être pour cela qu'ils ont posé ces paras. Historiquement, ils ne sont pas loin de la croisée des chemins. (ECPA.)

6 - Opération Hirondelle (17-21 juillet 1953). Le lieutenant Magnillat, commandant le 6e CIP du 6e Bataillon de parachutistes coloniaux (chef de bataillon Bigeard) a entraîné ses hommes dans la fouille des grottes de Ky Lua. Ils découvrent des armes, des munitions, de tout... (ECPA.)

7 - Une figure des bataillons parachutistes, le père Chevallier, l'aumônier. Grand amateur de photographie et cinéma, il assure, en dehors de ses prestations religieuses, son sacerdoce, des reportages au « contact », directement sur le terrain. On le retrouvera à Dien Bien Phu. (ECPA.)

De la Corée aux Hauts-plateaux d'Annam

Le 3 octobre 1953, le paquebot la *Marseillaise*, également utilisé comme transport de troupes avec l'Extrême-Orient, arrive à Saigon. A bord, parmi d'autres, il y a le détachement de renfort n° 16 du bataillon français de l'ONU (Bataillon français de l'ONU), le célèbre « Bataillon de Corée », mais il est le premier, à la grande déception des intéressés, à ne pas aller en Corée. L'armistice de Pan Mun Jon mettant un terme à la guerre de Corée, où les Français combattaient, avec des unités des autres nations depuis fin 1950, le gouvernement français demanda à recouvrer ses hommes.

Ces volontaires « déroutés » à tous les points de vue, constitueront l'élément précurseur du futur 2ᵉ bataillon de Corée.

A l'état-major de Saigon, les penseurs du 1ᵉʳ Bureau, pour combler le manque croissant d'effectifs, décident d'y remédier en dédoublant ce bataillon qui débarque et en faire un régiment. Un « ratissage » serré dans diverses unités permet de comblet les vides en pratiquant le « jaunissement », l'ensemble sera désigné comme « Régiment de Corée ». L'appoint nécessaire se trouve avec le bataillon de marche (BM) du 43ᵉ régiment d'infanterie coloniale (BM/43ᵉ RIC) et du 2ᵉ groupe du 10ᵉ régiment d'artillerie coloniale. Quand tout est en place, il faut encore coordonner et ce qui se pratique le plus dans le domaine opérationnel, c'est le Groupement mobile. Ce type d'unité comprend un état-major, généralement trois bataillons et un groupe d'artillerie.

Les troupes étant presque dans « le carton », il fallait maintenant leur donner un chef. Le général Gambiez, chef d'état-major de Navarre, convoque alors le colonel Barrou, qui commande la zone-centre. Depuis lontemps il avait eu envie de commander un GM, mais il est rapatriable en décembre après avoir prolongé deux fois son séjour. A Gambiez, qui lui propose ce GM, il veut bien accepter de repousser le calendrier, mais en tant que cavalier, il tient à ce qu'on lui donne le III/5ᵉ cuirs, le « Royal Pologne », escadron qu'il avait commandé dans le secteur de Thu Dau Mot. Tout le monde est d'accord et c'est ainsi que Barrou se retrouve aux marques de départ avec le GM 100.

Le 22 octobre, un groupe d'officiers débarque à Tan Son Nhut de l'avion en provenance de Tokyo. Parmi eux, le chef de bataillon Kleinmann ; on lui donnera le commandement du II/Corée.

Le 3 novembre, le transport américain USS *General Black* arrive à son tour à Saigon, avec les quatre cents hommes, totalement équipés à neuf par les Américains, du bataillon français de l'ONU. Ils sont commandés par le lieutenant-colonel de Germiny. Le lendemain, il présente son bataillon au commandant en chef qui se montre satisfait et le prouve en prononçant un discours, trouvé trop long par les « Coréens ».

En comparaison des unités combattant déjà en Indochine, les compagnies du BF/ONU sont entièrement « blanches » et pour atteindre les effectifs calculés par le 1ᵉʳ Bureau, il faudra nécessairement les « jaunir » à moitié. Lorsqu'on parle de compagnies « blanches », la comparaison de couleurs ne concerne que les indigènes d'Extrême-Orient, car il y a des Antillais, des Nord-Africains, etc.

Aussi pour « jaunir » le II/Corée, on lui affecte le commando Bergerol, du nom de son créateur, un officier d'artillerie coloniale. Basé à Mytho, il est formé avec des Khmers de Cochinchine, dont les résultats sur le terrain, lui ont donné une réputation d'unité d'élite.

Au I/Corée, l'affectation de Viêtnamiens et de Khmers s'effectuera aux 3ᵉ et 4ᵉ compagnies. Ceux qui ont commandé des *ROKs*, des soldats sud-coréens, ne sont pas dépaysés avec les nouveaux arrivants.

Le 15 novembre, le colonel Barrou prend officiellement le commandement du GM 100. Il comprend : le régiment de Corée (lieutenant-colonel de Germiny), le bataillon de marche (BM) du 43ᵉ RIC (chef de bataillon Selignat), le IIᵉ groupe du 10ᵉ RAC (chef d'escadron Arvieux), quant au IIIᵉ escadron du 5ᵉ régiment de cuirassés, « Royal Pologne » (capitaine Doucet), il doit rejoindre sous peu.

Les sentiers de la guerre

Puis vient enfin le temps de démontrer que les « Coréens » qui se sont battus contre les Nord-Coréens et les Chinois ne craignent rien, ni personne. Ils ignorent que les Viêts connaissent leurs exploits et leurs prétentions et réaliseront plus tard que les Américains ne sont plus là pour la logistique, bref, que tout a changé…

Le 3 décembre, déclenchement de l'opération « **Canter** ». Les 3 500 hommes du GM 100 s'engagent dans la forêt d'An Son. Le lendemain sur la route menant de Boqueo à Ben Cat, le GM 100 va déplorer son premier mort, le lieutenant Masagosa, mortellement blessé par une grenade piégée.

Du 10 au 15 décembre. – Départ par échelons du GM 100 à destination des plateaux montagnards du Sud. Il s'installe à Buon Ho, près de Ban Me thuot, tandis que des officiers de l'état-major se rendent en reconnaissance à An Khé. Entre-temps, le III/5ᵉ Cuirs rallie et s'installe au poste kilométrique 6 (PK 6).

Janvier 1954. Pour tenter de se réimplanter au *Lien Khu V* ou Inter-Zone 5 (découpage administratif du Viêt-minh au Centre-Annam), le GM 100 quitte Buon Ho, en ouvrant la route coloniale 7 (RC 7) dans la vallée de la Son Ba, à destination de Cung Son où il établit une liaison avec le GM 42 de Sockeel, il rejoint Tuy Hoa, sans rencontrer de résistance.

Le 21 janvier, le GM accède à la province côtière de Phu Yen et fait jonction avec les forces amphibies engagées dans l'opération « Atlante ».

La situation se corse. Les régiments 108 et 803 du Viêt-minh qui rayonnaient dans la zone, menacent directement Kontum. Le GM 100, sur ordre, fait mouvement pour en assurer la défense. Le BM/43 s'est installé à la plantation indochinoise de thé, près de Pleiku. Il se tient en renfort du poste de Dak Doa.

Le 1ᵉʳ février, embuscade meurtrière sur la route de Kon Brai. Le lendemain, Dak To, dernier poste au nord de Kontum, est attaqué et enlevé.

L'aménagement défensif de Kontum par le régiment de Corée, appuyé par deux batteries du II/10ᵉ RAC et les chars du III/5ᵉ Cuirs est fin prêt. Les Viêts peuvent venir.

Des commandos du GMI (groupement mixte d'intervention), émergeant de divers accrochages avec les Viêts, font un rapport circonstancié, prouvant que les Viêts grouillent dans le coin. Le général de Beaufort lève dédaigneusement les épaules en déclarant : « *Du Viêt, il n'y en a pas à deux cents kilomètres à la ronde.* »

3-4 février, M. de Chevigné, Secrétaire d'Etat à la Guerre, se rend à Kontum où, lors d'un discours, il proclame que la ville sera défendue. Elle le sera effectivement jusqu'au soir, quand le colonel Barrou recevra l'ordre d'évacuer Kontum sans combattre.

La retraite est amorcée. De l'embuscade sur la route 14 où il faut l'intervention des chars pour les dégager. Attaques contre Dak Doa qui se répètent jusqu'à ce que le poste soit submergé le 18 février. Ordre avait été donné de ne pas envoyer de secours. Le GM 100 fait ensuite mouvement vers la bretelle de Plei Bon (route 19).

Le 13 mars, débarquement de nouvelles forces à Qui Nhon. Le lendemain les paras du Groupement aéroporté n° 3, qui opéraient aux abords de la route 19, sont retirés des Hauts-plateaux pour être envoyés en urgence au Tonkin. Les Viêts sont signalés en force dans la région de Plei Rinh.

Depuis le 13 mars au soir, les divisions viêts ont attaqué le camp retranché de Diên Biên Phu. L'intérêt de la presse se portera plus sur cette vallée du Tonkin que sur les Hauts-plateaux d'Annam.

Opération « Mouette » (8 au 15 octobre 1953). Les chars M-24 Shaffee sont en attente après un bombardement aux bidons spéciaux (napalm) par les F8F Bearcat. (ECPA.)

Le chef de bataillon Brechignac, dit « la Brèche », commandant le II/1er RCP et le lieutenant Kerros, durant l'opération « Mouette » (octobre 1953). (ECPA.)

4 - Durant l'opération « Atlante » qui débute le 20 janvier 1954, la compagnie du II/Corée (capitaine Delfosse) progresse… inlassablement.

5 - Au cours d'une halte de la colonne du GM 100, un montagnard « Rhadé », des hauts-plateaux d'Annam, est venu demander une cigarette. (DR.)

6 - Le pont enjambant le Dak Ayun est détruit et les véhicules et blindés du GM 100 sont contraints à emprunter le radier.

7 - Le char « D'Arc II » du IIIe escadron du 5e régiment de cuirassiers (III/5e cuirs) du maréchal des logis chef Temmermann sur la piste, entre Pleiku et An Khé.

8 - Les chars du III/5e cuirs suivent la piste entre Pleiku et Dak Doa. (Coll. R. Bail.)

1 - Le bataillon français de l'ONU débarque le 1er novembre 1953 du bâtiment de transport américain *General Black*, sur les quais de Saigon. (ECPA.)

2 - 3 novembre 1953. Le bataillon français de Corée débarque à Saigon et participe à une prise d'armes. Au premier plan, le colonel de Germiny, commandant le BF/ONU. Comme régiment de Corée, avec les renforts venus de France, il sera intégré au GM 100.

3 - Les artilleurs du II/10e RAC ont mis en place leurs pièces dans une clairière des hauts-plateaux. (Coll. R. Bail.)

4

5

6

7

8

Une vallée verdoyante baignée par la Nam Youm, Diên Biên Phu. Quelques jours plus tard... ce sera la guerre...

1

L'engrenage : Diên Biên Phu

Après les dernières opérations au Tonkin, qui ont causé des pertes sensibles aux divisions du général Vô Nguyen Giap, le général Navarre envoie son adjoint, le général Bodet, à Paris présenter au gouvernement la dernière note dans laquelle il maintient la nécessité d'exécution de son plan et réitère ses demandes de renfort. René Pleven, ministre des armées, écoute toujours ce qu'on lui dit, en regardant ailleurs, lit ce qu'on lui envoie, mais le plus ardu est, dans tous les cas de figure, d'obtenir une réponse. Le plan Navarre est accepté, mais certaines questions restent sans réponse. La défense du Laos... rien. Quant aux moyens demandés, le « Généchef » comprend qu'il lui faudra s'arranger sur les forces qu'il a déjà.

Lorsque Navarre évoque l'opération au Nord-Ouest, dont l'objet est d'occuper une vallée, celle de Diên Biên Phu, qu'il passe ensuite de l'intention au projet de réalisation, personne ne posera vraiment de questions.

Dans les différents états-majors en Indochine, chaque général tente de savoir ce que pense l'autre, ce qu'il en dit. Tous ont l'air de marcher sur la glace sans connaître son épaisseur. Cogny, qui a demandé à ses adjoints de lui adresser un rapport, ne fait que des réponses dilatoires à Navarre, il y a objection, mais on est loin du refus. Chez les autres généraux, c'est « oui, mais... ».

Le seul qui s'exprime de façon précise est le colonel Nicot, commandant l'aviation de transport. Après toutes les servitudes imposées par les opérations précédentes, les missions de routine ou les extraordinaires, le matériel qui « roule » doit passer par les échéances techniques, les visites impératives d'entretien avec lesquelles on ne peut jouer, car il y va de la vie des équipages, des gens transportés ou du matériel qui risque de manquer aux destinataires. Ces réticences mettent un doute chez Cogny et d'autant plus que Nicot, n'a pas maché ses mots. La hargne du colonel a été la planche posée sur la glace. Il craint que, dégagé de Na San, il ne soit carrément gêné aux entournures avec Diên Biên Phu.

Le colonel Berteil, sous-chef opérations de Navarre, qui est monté à Hanoi pour régler tous les aléas de l'opération, se voit remettre une lettre personnelle pour le « Généchef ». Il lui fait savoir qu'il est résolument opposé au projet, mais qu'il n'ira pas jusqu'au refus d'exécution.

Les raisons de cette ambiguïté concernent le Delta. Il craint que Navarre ne prélève des groupements mobiles (GM) pour une opération qui se prépare, « Atlante » et barrer la route du Laos, est une illusion quand on sait comment Giap déplace ses divisions dans un minimum de temps et même avant que les services de renseignements ne l'aient signalé.

Il y a encore un autre point à soulever, l'utilisation de l'armée viêtnamienne, il y a de quoi rester perplexe. Les cadres, pour la plupart ne sont pas à leur place, car parvenus à des grades et des commandements par pression ou relations, ou encore à des privilèges obtenus de l'empereur (Bao Daï, qui lui, n'a jamais revêtu l'uniforme et s'il tire au fusil, c'est sur les gaurs ou les buffles. De ce fait, les hommes ne sont pas vraiment commandés. Les unités viêtnamiennes adorent défiler lors des prises d'armes, mais elles semblent plutôt se défiler au combat, hormis certaines unités d'élite, encadrées par des Français ou de Viêtnamiens issus de l'armée française.

Et on arriva résolument à l'opération « Castor », la prise de Diên Biên Phu. Le 18 novembre, l'amiral Cabanier, secrétaire général adjoint à la défense nationale arrive à Saigon. Le gouvernement l'a envoyé afin qu'il revienne avec un rapport exact sur la situation et, vraisemblablement, pour inciter Navarre à mettre « pédale douce ». Navarre est à Hanoi et, averti de la présence de Cabanier, il lui fait savoir qu'il va redescendre sur Saigon.

Opération « Castor »

Le 20 novembre 1953, le 6e BPC (bataillon de parachutistes coloniaux) (CB Bigeard) est en attente à Bach-Mai, comme le II/1er RCP (2e bataillon du 1er régiment de chasseurs parachutistes) du chef de bataillon Bréchignac, dit « la brèche », l'est à Gia-Lam, ce sont les deux terrains de Hanoi.

Parvient alors l'ordre de lancer « Castor », qui se répercute aussitôt aux services-opérations des bases, qui transmettent aux groupes de transport, mais il y a quand même un oubli, personne n'a pensé à prévenir les bombardiers et c'est seulement quand les équipages de B-26 ont vu les paras embarquer qu'ils se sont inquiétés.

Une fois chargés, les C-47 « Dakota » roulent vers la piste et s'alignent. Le GT 1/64 *Béarn* a 24 appareils sur les 25, le GT 2/62 *Franche-Comté*, 23 et le GT 2/64 *Anjou* seulement 18, mais à la prochaine rotation, l'après-midi, il en aura 24.

Les consignes de décollage sont de vingt secondes entre chaque appareil, le regroupement par trois devant s'effectuer à trente minutes du terrain. Tous sont prêts et chaque chef de bord, à son tour, interpelle la tour : « *Décollage !* »

A Gia-Lam, un incident faillit troubler l'ordre prévu. Le Dakota n° 3, pris dans le remou de l'air brassé par l'avion précédent, s'écrasa aux trois quarts de la piste. Une partie de l'équipage et quelques paras sont blessés. Le mécanisme joue aussitôt, les voitures-incendie, les ambulances, mais le Dakota n° 4 du lieutenant Nemoz, est déjà en accélération… Appréciant les risques, il poussa encore et en décollant, son aile droite rasa l'épave, c'était parti ! Le reste de l'armada prit la suite à la cadence imposée.

Après deux heures de vol au-dessus de la couche nuageuse, les premiers « Dak » arrivent à la verticale de « Diên » et, à 10 h 30, feu vert. Les largueurs hurlent « *Go !* », les « charrettes » se vident, tandis que les appareils, qui orbitent en attente, s'organisent en un vaste carroussel vrombissant qui affole les Thais de la vallée. D'autant plus qu'ils aperçoivent les corolles qui descendent vers eux.

Les B-26 *Invader* ont réussi à rattraper partiellement leur retard et à traiter, mais insuffisamment, les zones désignées. Le 6e BPC saute sur la DZ *(Dropping zone)* « Natacha », suivi de la 17e compagnie parachutiste du Génie et de deux batteries du GM/35e RALP (Régiment d'artillerie légère parachutiste). Il ne devait y avoir personne, mais… les renseignements étaient mauvais. Le bataillon Bigeard tombe en plein sur deux compagnies viêts à l'exercice. Mettre les mortiers en batterie n'est rien, mais les colis d'obus sont plus loin. Il faudra accélérer le mouvement pour les ramener. Les 75 mm sans recul entrent dans la danse, mais les herbes sont hautes au nord du village et les seuls points de repère pour regrouper les paras, sont les hautes antennes des postes radio, qui deviennent des objectifs pour les Viêts. Le capitaine Raymond, médecin du 6e BPC, est le premier mort de « Castor », il a été frappé en plein front durant la descente.

Le II/1er RCP et le PC du Groupement aéroporté n° 1 du lieutenant-colonel Fourcade, qui devaient sauter sur la DZ « Simone » ont, à la suite d'imprévus, été lachés deux kilomètres plus au sud.

Pendant ce temps, Bigeard coordonne les mouvements de ses compagnies. Il réclame, en outre, l'intervention des B-26, qui calment temporairement des Viêts, mais il faudra un deuxième passage pour « faire le ménage ».

La morale de cette première journée : pas assez d'équipages, donc pas assez d'avions, manque d'impact car il n'y a pas assez de bataillons largués et une trop grande dispersion.

A 15 heures, le 1er BPC du commandant Souquet (722 hommes), la compagnie étrangère parachutiste de mortiers lours (CEPML), l'antenne chirurgicale parachutiste n° 1 (ACP n° 1) et le reliquat du GM/35e/RALP sautent sur « Natacha ». Quarante-et-un « Dakota » ont assuré le transport.

Ce n'est que le soir, après de violents combats que le 6e BPC, appuyé par le 1er BPC, parvient à occuper Diên Biên Phu ; il est 16 h 10…

Les bataillons sont fortement « jaunis ». C'est ainsi que sur 651 paras, le 6e BPC comprend 200 Viêtnamiens, le II/1er RCP, 420 sur 827. Proportion satisfaisante, grâce à un encadrement qui a fait ses preuves.

Le lendemain, parachutage à partir de 8 heures, du 1er bataillon étranger parachutiste (1er BEP) du commandant Guiraud (653 hommes), du PC du CAP 2, placé sous les ordres du lieutenant-colonel Langlais et de l'état-major divisionnaire aéroporté (EDAP) du général Gilles, le « cyclope », qui saute aussi. A 13 heures, c'est au tour du 8e bataillon de choc du capitaine Tourret (656 hommes). Le jour suivant, voit arriver le 5e bataillon de parachutistes viêtnamien du commandant Bouvery et le colonel Bastiani, accompagné de son état-major. Il y a eu quelques « cassés ». Langlais, blessé en sautant, est évacué, après avoir passé les consignes au chef de bataillon Leclerc.

A Saigon, Navarre est rentré comme prévu et, le 20 novembre à 9 heures, le contre-amiral Cabanier était introduit dans son bureau. Suite à l'armistice signé en Corée et aux retombées possibles comme l'aide plus intensive de la Chine au Viêt-minh, après les civilités d'usage, l'amiral, venu en émissaire gouvernemental, demande au général en chef ce qu'il pense de la situation, tout en n'oubliant pas les succès militaires enregistrés au Tonkin, qui sont naturellement portés au crédit de Navarre… des propos très feutrés, pour arriver à une conclusion : ne serait-ce pas le moment favorable pour entamer des négociations en vue d'un cessez-le-feu en Indochine ?

Navarre sourit tout en poussant un classeur vers l'amiral. Il contient les collections des télégrammes. C'est ainsi qu'il apprend qu'une importante opération aéroportée se déroule en Haute-région. Cabanier comprend qu'il est arrivé trop tard ; la réponse de Navarre est dans ces télégrammes. C'est un non catégorique.

2 - Le poste de Diên Biên Phu en 1922. (Collection lieutenant-colonel Bel.)

3 - 16 novembre 1953, 13 h 15. Un C-47 « Dakota » du G.T. 2/62 « Anjou » survole la vallée de Diên Biên Phu à 600 m d'altitude pour reconnaissance et prises de vues. En oblique, la Nam Youm. Au milieu de la photo, la piste d'aviation qui date de la guerre, limitée à gauche par le drain, à droite par la piste Pavie menant à Lai Chau, à 70 km au nord.

2

3

1

2

3

1 - Par groupes de trois appareils, les Dakotas volent, cap 270, en direction de Diên Biên Phu. (ECPA.)

2 - Tandis que le fumigène continue de brûler à l'est de la Nam Youn, le C-47 « Dakota » survole la vallée où l'on remarque tous les « pépins » qui vont éclore sur le sol. Sur le dropping zone (D2) « Natacha » vont arriver les paras du 6ᵉ BPC, sur « Simone » ceux du II/1ᵉʳ RCP de « La Brèche » (commandant Bréchignac). (Coll. R. Bail.)

3 - 20 novembre 1953. L'opération « Castor » est lancée. Le 6ᵉ bataillon de paras coloniaux du chef de bataillon Bigeard et le II/1ᵉʳ Régiment de chasseurs parachutistes sautent sur Diên Biên Phu, mais des unités viets étaient là, à l'entraînement…

4 - Les paras continuent à sauter sur la vallée. Au premier plan, on remarque le M25-36 TAP, avec crosse métallique repliable. Le para va extraire sa pelle pour creuser un trou d'homme. (ECPA.)

4

5 - Les paras réceptionnent les « colis » lourds, des mortiers et les caisses d'obus. (ECPA.)

6 - Le commandant Bigeard, « Bruno » (indicatif radio), donne les ordres pour diriger la progression de ses compagnies. Le « terrain » est, pour le moins, boueux. (EC PA.)

7 - Le lieutenant-colonel Fourcade, commandant le groupement aéroporté n° 1, commande les troupes (6e BPC-II/1er RCP - 35e RALP) parachutées le 20 novembre sur Diên Biên Phu. (ECPA.)

8 - Regroupement des compagnies à travers les rizières où le terrain est assez boueux, alourdissant les bottes de saut. (ECPA.)

1 - Afin de plus vite ouvrir la piste d'aviation, l'armée de l'air parachute du gros matériel, dont un bulldozer. Un premier, mal arrimé, s'écrasera au sol. Au premier plan, la piste. (DR.)

2 - Le 21 novembre 1953 à 8 heures, le 1er BEP (653 hommes) saute sur la D2 « Natacha ». Sitôt les parachutes roulés, les légionnaires regagnent les emplacements prévus. (ECPA.)

3 - Les paras du II/1er RCP de Bréchignac (569 hommes) ont été largués deux kilomètres plus au sud que la *dropping zone* (DZ) « Simone ». Là, ils se regroupent. Le bataillon, malgré la création d'unités de l'armée vietnamienne, est encore visiblement « jauni ». (ECPA.)

4 - Les mortiers du lieutenant Allaire sont entrés en action, tandis qu'au fond, d'autres paras creusent pour aménager la position. (ECPA.)

7 - La 2ᵉ compagnie du lieutenant Hervé Trapp se regroupe avant de suivre un axe de progression sous la protection des mortiers du lieutenant Allaire. Derrière, on peut remarquer la présence des paysans thaïs vêtus de noir. On est au village de Ban Co My.

1 - Quatre figures du 6e BPC : Balliste, Gosse, Prigent. Ils mourront ensemble sur les collines de « Diên ». Accroupi, le caporal Cazeneuve, qui sera un des rares rescapés de cette 12e compagnie. (ECPA.)

2 - Péraud Jean, photographe du Service Presse Information Indochine, saisit l'instant où Kerkérian s'éloigne en portant le corps de Khoaï, un voltigeur du 3e commando du 6e BPC, tué à l'arrivée au sol. Derrière, de profil, le lieutenant Trapp, commandant la 2e compagnie. (ECPA.)

3 - Les paras du 8e Choc ont sauté le 21 novembre à 13 h, cinq heures après le 1er BEP du commandant Guiraud, du PC du Groupement Aéroporté n° 2 (lieutenant-colonel Langlois) et de l'élément divisionnaire aéroporté complet du général Gilles. Les hommes regroupés attendent les ordres et le père Chevallier est toujours là, caméra au poing… (DR.)

4 - Un S-55 va évacuer les blessés que l'on ramène sur des civières. (ECPA.)

5 - Ramassage des corps des copains pour leur évacuation par hélicoptère. (ECPA.)

1 - Le général Giap, dès l'occupation de la vallée de Diên Biên Phu, décidait de la mise en route de la division 316 en direction du pays Thaï. Mouvement immédiatement connu par les services des renseignements français qui captaient les messages radios relatifs à cette division et les déchiffraient. Informé de cette nouvelle situation, Giap change aussitôt les codes. Rôle négatif, une fois de plus, des journalistes à la suite de propos libres du général Cogny.

2 - Tandis que la 316 poursuit sa marche vers Lai Chau et Diên Biên Phu, la division 308 reçoit, le 28 novembre, l'ordre de départ. Le 2ᵉ Bureau d'état-major du général Cogny avait annoncé le mouvement. Restaient encore la 304, la 312 et la division d'artillerie 351. Cette colonne en marche montre la densité de l'armement des réguliers qui marchent derrière leurs chefs montés sur des petits chevaux thaïs.

Le Viêt-minh

Le régiment d'infanterie V.M.

Comprend trois bataillons chacun, à trois compagnies de combat ;
Une compagnie d'accompagnement (mitrailleuses et mortiers de 81 mm) ;
Une compagnie lourde de quatre à six canons sans recul (SR) ;
Une compagnie de renseignements (Trinh Sat) ;
Une compagnie de transmissions ;
Une compagnie de protection du poste de commandement ;
Une compagnie de passage pour les recrues.

La division d'infanterie V.M.

Un état-major avec une compagnie de transmissions ;
Une compagnie de protection du PC ;
Une compagnie de renseignements (Trinh Sat) ;
Trois régiments d'infanterie ;
Une compagnie du génie ;
Un bataillon de défense contre avions (18 mitrailleuses anti-aériennes de calibre 12,7 mm) ;
Une compagnie de transport (quelques véhicules et des coolies).

La division d'artillerie V.M.

Un état-major ;
Le régiment d'artillerie de campagne n° 45 à deux groupes de 105 mm du modèle américain ;
Le régiment d'artillerie n° 34 (canons de 75 mm de montagne japonais et mortiers de 120 mm) ;
Le régiment de défense contre avions n° 367 ;

Le régiment du génie 151 à quatre bataillons.

Les commandants de division VM ayant participé à la bataille de Diên Biên Phu :

– Division 304 : Hoang Ming Thao (34 ans), ancien adjudant de l'armée coloniale, ayant suivi un complément de formation militaire, acutalisée en Chine, à partir de 1945.

– Division 308 : Vuong Thua Vu (40 ans), fils d'un émigré du Yunnan. Commissaire politique, il avait été chargé, jusqu'à la création de sa division, de diriger les écoles de cadres, tout en se penchant particulièrement sur la formation des officiers.

– Division 312 : Le Trong Tan, après avoir été chef d'état-major, tenu un commandement territorial, il avait dirigé en 1950, les opérations de la RC 4, où le corps expéditionnaire avait subi un dur échec.

– Division d'artillerie n° 351 : Vu Hien, ancien sous-chef d'état-major général, puis commandant du Lien Khu III, il avait ensuite était chargé de l'artillerie à l'état-major général de 1950 à 1952, jusqu'à ce qu'il prenne cette division lourde. Vers la fin de la bataille de Diên Biên Phu, elle sera dotée de plusieurs « orgues de Staline ».

3 - Le Président Hô Chi Minh et le général Vô Nguyen Giap étudient la stratégie qu'ils vont adopter vis-à-vis du nouveau commandant en chef, le général Navarre. L'affrontement est inévitable. Quel est le rapport des forces ?

4 - Le général Vô Nguyen Giap a réuni ses officiers d'état-major pour convenir d'une stratégie. Vont-ils lancer une attaque brutale, de masse, une question de quelques jours ou s'engager dans un grignotage qui pourrait durer des semaines, sinon des mois ?

5 - Les pistes ont été tracées, creusées et aménagées de jour et de nuit, malgré de fortes dénivellations. Giap veut que tout soit réalisé, vite et bien. Il n'est pas question de discuter sur les délais. Il sera obéi. Là, les équipes portent les tubes d'artillerie jusqu'aux emplacements prévus par leurs chefs, mais imprévus par le commandement français.

6 - Les bo-doïs ont reçu les ordres de hisser les canons sur les crêtes et de les mettre en position sur les versants dominant la vallée, mais sous abris et sous couverts. Giap, lui aussi, leur a fait savoir qu'il leur faudra « du sang, de la sueur et des larmes ». La victoire était à ce prix.

7 - L'intendance suit... et c'est primordial. Les Viets ont acheté des milliers de bicyclettes, particulièrement des Peugeot, sans éveiller l'attention. Chaque coolie pouvait y transporter de 200 à 300 kg et étant donné le nombre de ce genre de binôme... cela représentait des dizaines, des centaines de tonnes.

1

2

3

Installation du camp retranché (voir texte p. 58)

1 - Le général Gilles est venu accueillir le général Cogny, venu en « Beaver ». Au fond, à droite, le pilote du Beaver, M. Nicolaï. (ECPA.)

2 - Plusieurs gendarmes ont été affectés au camp retranché de Diên Biên Phu. Le déclenchement de la vraie bataille, le 13 mars 1954, va transformer leur genre d'activités, nécessité oblige. Ils vont ramasser les colis parachutés, ainsi que les blessés qu'ils rapatrieront dans les antennes chirurgicales ou les infirmeries. Sur la photo de gauche à droite, debout : l'interprète, le gendarme Arnone, qui sera tué en brancardant. Martinez, décédé dans les camps viets, Sansus, blessé grièvement en brancardant, X, les autres sont Adan, Pieplu, Garcia, Deris. Détaché à l'antenne chirurgicale du PC auprès du commandant Grauwin, le gendarme Pocheler. (Photo Bogliolo.)

3 - Le deuxième bulldozer, largué par un Fairchild C-119, est réceptionné en bon état puis dégagé des suspentes. Il sera aussitôt mis en œuvre. (ECPA.)

4 - La vallée se transforme, au gré des pelles et des pioches. L'herbe est rasée, les arbres sont sciés, coupés. Les paillottes des villages sont abattues pour en retirer du bois, du gros bambou de construction. On avance à grands pas vers le camp retranché. (ECPA.)

5 - La garnison s'est étoffée et la verdure de la vallée s'efface devant les travaux de la terre creusée, retournée, entassée. Les toiles de tente disparaissent laissant la place aux abris, aux casemates. La vallée se transforme en camp retranché. (ECPA.)

6 - Les portes avant du Bristol 170 Freighter sont grandes ouvertes pour « livraison ». Les corvées vident peu à peu le cargo, sous les regards critiques des membres de l'équipage (en bleu-marine). (ECPA.)

7 - Les avions civils des compagnies Air-Outremer-Aigle Azur sont souvent réquisitionnés ou affrétés pour les grandes opérations. (ECPA.)

31

8

10

8 - Mise en place d'un pont sur la Nam Youn, afin d'établir les liaisons entre le PC central et les collines de l'Est, où ont été aménagés des centres de résistance (CR.) (ECPA.)

9 - Le général Gilles, surnommé « le cyclone », sera remplacé, sur sa demande étant arrivé en fin de séjour et fatigué. Il est en conversation avec le colonel Christian Marie Ferdinand de la Croix de Castries, un cavalier qui lui succèdera le lundi 7 décembre. Là, ils sont tous deux pris lors de l'opération « Mouette » (octobre 1953) dans la région de Lai Cac et Phu No Quan. (ECPA.)

10 - Opération « Pollux » (8 au 15 décembre). Son but est l'évacuation de Lai Chau par les 2 000 partisans qui chercheront à rallier Diên Biên Phu. Les premiers sont aéro-transportés, mais les autres, attaqués par les réguliers de la division 316, seront dispersés, traqués par les bo-doïs, au nombre de 12 000. Ceux-là ont réussi à passer, les autres disparaîtront dans la jungle.) (ECPA.)

9

11

12 - Un détachement de F8F « Bearcat » du GC 1/22 « Saintonge » a été envoyé à Diên Biên Phu, mis à la disposition de « Torri Rouge », le poste de commandement des informations aériennes. (P.C.I.A.) (ECPA.)

13 - Le colonel de Castries dans son PC enterré. Il a accepté le commandement, parce qu'on lui avait parlé de base offensive… De toutes façons, il n'y avait personne pour prendre ce commandement. Là, en observant la carte, il fait connaissance avec le camp retranché, le temps de digérer le carroyage. Maintenant, Diên Biên Phu est rebaptisé : Groupe Opérationnel du Nord Ouest (GONO), tout un programme. (ECPA.)

14 - Au sud du camp, à environ 5 km, on a installé le CR « Isabelle » avec 4 points d'appui (PA) et une piste secondaire.

11 - Le général Cogny, commandant les troupes françaises au Tonkin, serre la main du commandant Tourret, « patron » du 8ᵉ bataillon de parachutistes de choc (8ᵉ BPC). Derrière eux le général Gilles le « cyclone ». Au fond à droite Bigeard et M. Nocolaï (en blanc) pilote civil du « Beaver ». (ECPA.)

15 - Vue du camp retranché, dans l'axe de la piste et derrière, le PC GONO. A gauche, après la Nam Youn et la RP 41, les collines des « Dominique », les « Eliane » et plus loin le mont fictif et le mont chauve, futures positions Viets.

15

16

17

16 - Assis devant les cartes et « mosaïques » aériennes de Diên Biên Phu, le lieutenant-colonel Louis Guth, chef d'état-major de Castries, qui sera tué au cours d'une reconnaissance à proximité du centre de résistance « Gabrielle » le 28 décembre, et le colonel Piroth, commuant l'artillerie du camp retranché, discutent. Ils peuvent encore avoir l'air décontractés... (ECPA.)

17 - Le bout de piste de Diên Biên Phu. On remarque les batteries d'artillerie et les parkings des F8F « Bearcat ».

18 - Chaque carcasse transportée ne doit pas dépasser 4 tonnes 100, limite de possibilités du Bristol 170 Freighter, affrêté par Air Viêt-Nam. L'opération « Rondelle II », démontage et remontage des chars, exigera une moyenne de 18 rotations de Bristol et 48 de Dakota.

19 - Démontés en 180 éléments, ces chars M-24 Shaffee, seront aérotransportés à Diên Biên Phu. Le démontage et le remontage seront assurés par les légionnaires de la 2ᵉ compagnie de réparations d'engins blindés de la Légion Étrangère, renforcée par des spécialistes du 1ᵉʳ bataillon de réparations du matériel de Saigon. Chaque char sera aérotransporté par deux Bristol et six Dakota. A Diên Biên Phu, il faudra encore installer l'aire de remontage, d'autant plus que le premier Shaffee arrive le 18 décembre…

20 - Le capitaine Yves Hervouët, commandant l'escadron de Shaffee de « Diên ». A 24 ans, il a déjà la Légion d'Honneur et 5 citations. Officier du 1ᵉʳ chasseur, il est très apprécié de ses chefs, il le sera également de ses adjoints, comme le lieutenant Louis Préaud – qui commandera un peloton, à « Isabelle ». (ECPA.)

1 - Le 5ᵉ Bataillon parachutiste viêtnamien (5ᵉ « Ba-wouan ») est sérieusement accroché sur une crête. Le dé-crochage sera des plus difficiles. (ECPA.)

2 - Cet officier para est le capitaine Cabiro, le « Cab ». Il porte son poste radio PRPP8 et un pistolet P08 Luger, une arme de choix. C'est au cours d'une de ces opérations qu'il va être grièvement blessé et évacué sur Hanoi. (ECPA.)

3 - Le chef de bataillon Leclerc, chef d'état-major du GAP2 discutant avec des chefs de section, lors des opérations lancées sur les extérieurs de la cuvette. (ECPA.)

4 - Tentative de dégagement pour « aérer » les crêtes du Nord-Est, mais en vain. L'aviation balance du napalm, mais les résultats ne sont guère concluants. Le soldat de Diên Biên Phu est dans le « merdier » mais il ne le sait pas encore. (ECPA.)

5 - Les paras, malgré leur connaissance du terrain, depuis qu'ils vont en opération sur ces crêtes, ne parviennent pas à pousser hors de la cuvette. Fin décembre, les Viêts sont là tout autour. (ECPA.)

6 - La progression à travers la Nam Co, affluent de la Nam Youn, n'est pas désagréable après toute cette marche dans la jungle, pour quel résultat ?

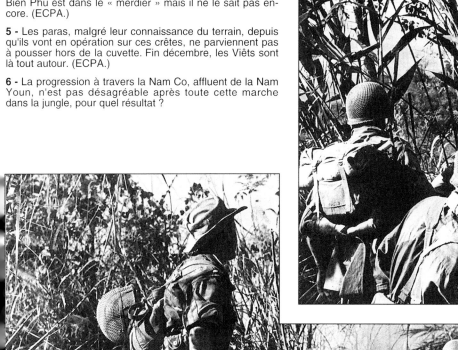

37

7

8

7 - La guerre, malgré des visages différents exprime, malgré tout, l'angoisse de ce qui peut arriver, la fatigue et la peur. (ECPA.)

8 - Une délicate attention des Viêts. Un bel ensemble de pointes hameçons (le « piège à cons ») qui traversent le pied, mais ne le rend pas. Souvent les pointes sont enduites de produits vénéneux ou de matières fécales... c'est souvent l'amputation. (ECPA.)

9 - Opération au Nord de Diên Biên Phu. Le père Chevallier (barbe) accompagne « ses » paras, sous les coups de mortier. (ECPA.)

10 - Les paras du GAPL ont tenté de percer sur la cote 1145 et une fois de plus, ils n'ont pas réussi. Les Viêts sont bien camouflés. Le feu du napalm se répand, il faut éviter de se faire coincer. L'officier, qui porte une carabine US111 donne ses ordres. (ECPA.)

11 - Le feu a pris dans les hautes herbes et les bambous et les paras n'auront pas réussi à repérer les Viêts et encore moins à les déloger. (ECPA.)

12 - Avant de quitter cette fameuse 1145, le « Padre » (père Chevallier) se recueille devant la tombe du para Nguyen My... mort pour... le savait-il ? (ECPA.)

13

16

14

15 - Le lieutenant-médecin Patrice de Cartfort, « toubib » du 8e Choc, intervient directement sur le terrain. Là, un para, sérieusement touché à la jambe droite, se fait soigner tandis qu'un camarade lui tient la main. Le regard expressif du « toubib » démontre le tragique du moment. Cette photo sera une sorte de témoignage de la guerre d'Indochine. (ECPA.)

13 - Les troupes parties de Muong Khova, au Laos, s'apprêtent à faire jonction avec la colonne, commandée par le lieutenant-colonel Langlais, partie de Diên Biên Phu. La rencontre, plus que symbolique, se fera à Sop Nao. (ECPA.)

14 - Le sergent Herbert Bleyer, ancien de la Großdeutschland, a trouvé au peloton des gradés, avec le capitaine Philippe, un autre combat. Partis de « Béatrice », avec ses camarades de la « 13 », il progresse dans ce « putain de terrain ».

15

40

16 - Dans cette guerre qui n'a pour ainsi dire pas de nom, la France est à 12 000 km, un cadavre peut passer inaperçu, laisser indifférent. Pour le para, c'est un de plus, de toutes façons, il y en aura d'autres et peut-être figurera-t-il lui-même sur la liste d'un bulletin de renseignements quotidiens. (ECPA.)

17 - Version actualisée d'un poème célèbre : « Donnes-lui quand même à boire ! » Ce Viêt blessé en a bénéficié. (ECPA.)

17

18

18 - Le 1er BEP, appuyé par un peloton de Shaffee, tente « d'ouvrir » la route vers le CR « Isabelle » situé à environ 5 km du réduit central, mais un régiment viêt est placé en embuscade. Il faudra l'intervention de l'artillerie, le peloton de Shaffee de Préaud, basé à Isabelle, pour dégager le BEP. (ECPA.)

41

19 - Le 1ᵉʳ BEP attend l'ordre de reprise de la progression vers « Isabelle », mais il faudra que l'artillerie et les chars neutralisent les ouvrages que les Viêts ont aménagé au niveau de Ban Ong Pet. (ECPA.)

20 - Le 1ᵉʳ BEP tente de percer, mais l'embuscade peut se déclencher brutalement et faire de la « casse ». (ECPA.)

21 - Le maréchal des logis Ney, monté sur le char « Posen » qui est garé dans son alvéole. Au retour d'une intervention, il faut refaire les « pleins » en carburant et en munitions. (Photo Willet.)

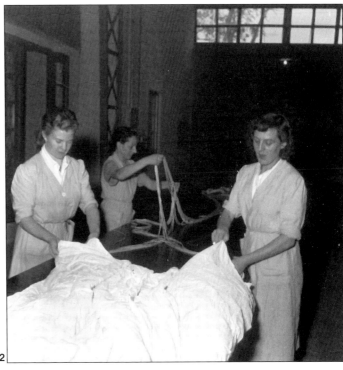

22 - Préparation des colis dans un centre de ravitaillement. Ce personnel, considéré comme appartenant à ceux de « l'arrière », contribue pourtant pleinement à la bonne marche du ravitaillement. Il y a ceux qui envoient. (ECPA.)

23 - Puis, il y a ceux qu'on renvoie. Ils sont venus en avion. Ils en repartent avec les honneurs, avant l'oubli. Nous sommes en janvier 1954. A partir du mois de mars, les morts resteront là… (ECPA.)

24 - Rôle important que celui qui consiste à plier les parachutes. Pourtant, les « pépins », mis à la disposition des pilotes ou des équipages ne sont guère vérifiés ; cela entraîne d'autres « pépins ». Des corolles trouées, moisies, des bandes qui se décousent au fur et à mesure de la descente… La Poisse ! (ECPA.)

1

3

4

2

5

Le V/7ᵉ RTA à Diên Biên Phu

1 - La piste d'aviation de Diên Biên Phu, orientée au 330. A droite, des batteries d'artillerie du G.O.N.O. Au second plan, à gauche, des « Criquet » (Morane 500) avions légers d'observation et un hélicoptère. Au fond, dans l'axe de piste, le CR « Gabrielle », position du V/7ᵉ RTA, en cours de travaux, les feux sont visibles. (SHAA.)

2 - Sur le CR « Gabrielle », les travaux de fond avancent, malgré le manque de personnel envoyé en reconnaissance. Le sergent Delbende, au fond du trou, fixe les troncs d'arbres empilés et mis sur chandelles. Debout près du trou, le sergent Bonifay se charge de lui passer le « matière première ». (Brecht.)

6

8

7

9

10

3 - Centre de résistance « Gabrielle », tenu par le V/7ᵉ RTA. Située en surplomb de la piste Pavie qui mène à Lai Chau, la position est très boisée. Avec l'aide de légionnaires, les tirailleurs algériens, les « Turcos » dégagent la colline, le bois sera des plus utiles à la construction des abris. (CR.)

4 - Un moment de détente pour les « Turcos ». Derrière, on peut remarquer les collines environnantes qui dominent « Gabrielle », c'est de ce côté là qu'il faut craindre l'attaque… (Brecht.)

5 - Février 1954. Sur le CR « Gabrielle », préparation à la construction, le terrain est nu et les abris surgissent. Là, l'abri PC et derrière, un gros arbre, dont l'abattage avait été commencé ; il sera achevé par le vent. (Brecht.)

6 - En patrouille aux environs de « Gabrielle », le commandant de Mecquenem utilise le poste radio, porté par un PIM (prisonnier interne militaire). Il est net que les Viêts sont là, tout autour. (Brecht.)

7 - Ouverture au nord de « Gabrielle ». En tête de colonne, le lieutenant-médecin Chauveau, les mains dans les poches, décontracté. Les pluies torrentielles ont inondé le terrain. Chauveau sera blessé le 13 mars, en début d'après-midi, quelques heures avant la bataille. (Brecht.)

8 - Des abris dans le centre du CR « Gabrielle ». Le premier abri n'est que légèrement couvert en comparaison des autres, mieux enterrés. Dans le fond, on peut remarquer la taille imposante du tronc couché. (Brecht.)

9 - Ces sous-officiers du V/7ᵉ RTA attachés à l'observatoire, à côté des postes-radio, profitent du soleil et d'un moment de détente, le calme avant la tempête. Derrière eux, les remblais sont complétés par des caisses de munitions emplies de terre tassée et les parois avec les cai-phen. (Brecht.)

10 - Le commandant de Mecquenem et Messaoul, son ordonnance en patrouille. Pause et casse-croûte. Une boîte de sardines ouverte, posée à terre et un morceau de pain qu'on tartine. Ces patrouilles assurées quotidiennement, utiles certes, n'en nuisent pas moins à l'aménagement du Centre de Résistance. (Brecht.)

11 - Le chef de ba-
taillon Kah, récemment
désigné comme com-
mandant du V/7e RTA
n'aura pas le temps de
prendre son comman-
dement. Son prédé-
cesseur, le chef de ba-
taillon de Mecquenem
avait tenu à mener son
bataillon au feu. Kah,
grièvement blessé et
non soigné en captivi-
té, mourra des suites
de ses blessures. Là, il
est photographié en
métropole.

12 - Février 1954. A
l'emplacement sud-
ouest de « Gabrielle »,
les tirailleurs poursui-
vent sans relâche les
travaux d'aménage-
ment et de défense du
CR. Au PC de la 2e
Compagnie, l'entrée
sud est apparente, une
autre ouverture a été
pratiquée vers le nord.
Au premier plan, le ti-
railleur Dabbenne rem-
plit des sacs de sable.
(Brecht.)

13 - Février 1954. Cette photo prouve le sé-
rieux des travaux en-
trepris par les « Tur-
cos » du V/7e RTA. Ici,
un emplacement de tir
de mitrailleuse lourde
de 12,7 mm presque
terminé. Au premier
plan, le sergent Boni-
fay. (Brecht.)

11

12

13

16

15

14 - A l'observatoire de « Gabrielle », le lieutenant Sanselme, officier de renseignement du bataillon s'est branché à la « bête à cornes » pour observer les environs. Derrière, le chef de bataillon de Mecquenem, commandant le V/7e RTA. (Brecht.)

15 - Un tirailleur auprès d'un 57 sans recul, tandis qu'un gradé s'apprête à engager un obus. (Brecht.)

16 - Aux « bêtes à cornes », sur l'observatoire, de gauche à droite, le sergent Labesse, le commandant de Mecquenem, le capitaine Gendre, commandant la 3e Compagnie, placée au sud-est de « Gabrielle » et le lieutenant Sanselme, officier de renseignement. (Brecht.)

17 - Lors d'une patrouille de la 2e compagnie du V/7e RTA, au Nord de Gabrielle, une partie du « Staff » de la 2. Assis à gauche, le commandant de compagnie, le lieutenant Boella un Oranais. Assis à droite, l'adjudant-chef Grivel, chef de la 3e section et debout le chef de la 2e section, le sergent-chef Decorse. A chaque sortie, les tirailleurs trouvent des traces, des indices indiquant les approches des Viêts. (Brecht.)

18 - Des jeunes filles et des enfants thaïs en train de se baigner dans le Nam Co. Les derniers civils quitteront la vallée, sur ordre des Viêts, la veille de la grande attaque du 13 mars. (Brecht.)

17

18

1 - Le porte-avions Arromanches franchit le canal de Suez avec son groupe aérien. C'est la quatrième campagne en Indochine du PA. Certains pilotes en ont également trois à leur actif. (Photo Colonge.)

2 - Le porte-avions Arromanches est mouillé dans le calme de la baie d'Along. C'est le calme avant la tempête. (E.C.P.A.)

L'appui aérien à Diên Biên Phu

Il y a, stationnés au GONO, six chasseurs F8F Bearcat. Groupe de chasse (GC) 1/8 « Saintonge ». D'autres en missions de l'EROM 80.

Il y avait quatre groupes de chasse. Quatre groupes de bombardement (1) sur B-26 Invader. Avec une autonomie de cinq heures et demie de vol, ils peuvent intervenir sur la plupart des points de la péninsule indochinoise. Des Morane-50 « Criquet ». Ils étaient les « corvéables » à souhait. Quelques hélicoptères, généralement affectés aux évacuations sanitaires.

Trois groupes de transport (GT).

GT 1/64 Béarn - GT 2/62 Franche-Comté - GT 2/63 Sénégal - GT 2/64 Anjou. Plus le détachement C-119 Packet. Ils ont été prêtés et utilisés de mai 1953 à août 1954. Vingt deux de ces appareils seront fournis par le Civil Air Transport (les « Tigres volants ») du général Chennault. Un sera abattu le 8 mai 1954, à proximité de Tuan Giao.

L'aéronautique navale

Pour la bataille de Diên Biên Phu, il y aura le groupe aérien du porte-avions Arromanches : la 3e flottille du lieutenant de vaisseau Andrieu (abattu le 31 mars 1954), armée de SB2C-5 Helldiver (1).

La 11e flottille du lieutenant de vaisseau de Castelbajac dotée de F6F Hellcat (2). Ces appareils avaient plus d'autonomie que les Bearcat de l'armée de l'air, qui n'avaient pas toujours de Belly-tanks (réservoirs supplémentaires).

Il y avait également un hélicoptère Sikorsky S-51 sur le PA

Dans les lourds, la 28e flottille aligne des PB47-2 Privateer. Le modèle livré à l'aéronavale est du type, destiné à la lutte sous-marine et non au bombardement. Les moteurs son prévus pour rétablir à mille mètres d'altitude. Son armement : six mitrailleuses doubles de 50 (12,7 mm) et une importante soute à bombes. Ils avaient été livrés sans viseur Norden de bombardement et effectuaient les passes de bombardement au dérivomètre. Les premiers Norden arriveront par des voies détournées et non officielles.

Deux Privateer vont être abattus. Un sur « Dien », le 28F-4 et l'autre aux environs de Son La, le 28F-6. Il y aura deux rescapés : les seconds-maîtres Keromnès et Carpentier.

(1) GB 1/19 Gascogne - ERP (escadrille de reconnaissance 2/19 Armagnac. - GB 1/25 Tunisie - GB 1/91 Bourgogne.

3 - L'Arromanches au mouillage en baie d'Along, ainsi qu'un LST venu l'approvisionner. (Photo Colonge.)

4 - Les pilotes de la 3e Flottille de gauche à droite (debout) : Laugier, Bellone, de Lestapis, Andrieux, Marmier, Duquesne, Duvilliers, de la Ferrière, Rougevin-Baville Frit. Accroupis de gauche à droite : tous des second maîtres : Garmond, Jasnic, Lafitte, Camberey, Robin, Bouvet, Mignot.

5 - Briefing du lieutenant de vaisseau de Castelbajac, commandant de la 11 F à ses pilotes. De gauche à droite : S.M. Régis Violot, L.V. Roulleaux-Dugage, le S.M. Lichty. Les instructions du « pacha » de la 11-F portent sur un traitement de la zone située à l'ouest de la piste d'aviateur. (E.C.P.A.)

6 - De gauche à droite : 1er rang : X, L.V. Klotz, L.V. de Lestapis. 2e rang : L.V. Doc de Maindreville, L.V. de Catelbajac, S.M. Robert, dit « Baby » (il a 20 ans). Derrière lui, le S.M. Bouvet.

1) Seront abattus à la 3-F : hormis Andrieu, l'enseigne de vaisseau Laugier.

2) Le lieutenant de vaisseau Doc de Maindreville, percutera le des merveilles en baie d'Along, le 13 mars au retour de Biên Biên Phu. Le lieutenant de vaisseau Lespinas sera abattu ur « Diên ». Le second maître Michon percutera une diguette, e second maître Robert, mourra en captivité. Il avait été abattu e 26 avril. Le lieutenant de vaisseau Klotz, abattu le 24 avril, era fait prisonnier et libéré en septembre 1954.

7

8

7 - Les armuriers mettent en place une bombe de 250 livres US sous un F6F Hellcat de la 11ᵉ flottille, commandée par le lieutenant de vaisseau de Castelbajac. (R. Bail)

8 - Sur l'Arromanches, ce SB2C-5 Helldiver de la 3ᵉ Flottille vient d'accrocher un brin. Le groupe aérien du PA rentrera à bord après chaque mission jusqu'à ce que la météo occasionne des difficultés de percée avec des appareils arrivés au bout de leur autonomie. Ensuite, les flottilles seront basées à terre.

9

9 - Deux « Hellcat » de la 11ᵉ Flottille au retour de mission. (Photo Colonge.)

10 - Le lieutenant de vaisseau Andrieux, « Pacha » de la 3F. Le 31 mars 1954, lors d'une mission qui lui faisait remonter la RP41, avec le second maître Jannic, qui volait en patrouille derrière lui, il sera abattu par la DCA, aux environs de Tuan Giao.

11 - Le lieutenant de vaisseau Fatou, qui commande la 3F après Andrieux. Un pilote chevronné qui fera beaucoup pour l'aéronautique navale. (E.C.P.A.)

11

10

1

2

3

1 - Sur la piste de Cat Bi, fin 1953, une formation du GB 1/25 « Tunisie » roule pour décollage. Derrière le leader, un B-26 C équipé d'antennes « Rebecca », situées de part
et d'autres du nez vitré. Sous les plans des deux premiers appareils, on remarque des
bombes M57 A1 de 250 livres et les paniers à deux mitrailleuses de 12,7 mm, habituel-
lement montés sur des B-26 C. (Collection R. Bart.)

2 - Le B-26 B 61 DL (44-3468) indicatif Fuhiu du GB 1/19 « Gascogne s'est « vomi »
sur la piste. Les pompiers tentent de circonscrire l'incendie qui s'est déclaré dans l'ha-
bitacle.

3 - Le F-Rasy B-26 C 30-DT, serial number 4435239 du GB 1/25 « Tunisie » au-dessus
du Delta (1953). Cet appareil comme quinze autres « Invader » ont été perdus en opérations par l'armée de l'air en Indochine. Basé sur la base de Cat Bi, il a été abattu au-
dessus de la cuvette de Diên Biên Phu, le 16 avril 1954, par la DCA Viêt. Le soir, un
autre B-26 C du même groupe de bombardement, « Tunisie », atteint aussi par la DCA,
un 37 dans le moteur droit qui prend feu. L'équipage (lt Caubel, lt Bayard, sergent
Teyssier) évacue l'appareil qui s'écrase au sol. Ils seront faits prisonniers le lendemain.
C'est en captivité qu'ils vont retrouver l'équipage du B26 abattu le même jour qu'eux.

5

4 - Sur le parking de Cat Bi (Haiphong), les armuriers chargent des bombes US M64 de 500 livres sur le B-26 C 50 DT (44-35787) F-RASD. Sous le plan droit, on aperçoit la nacelle « bi -12,7 » chargée à 300 coups. (E.C.P.A.)

5 - Deux B26 « Invader » au-dessus de la haute région. Ils assurent toute une série de missions mais l'intérêt premier se porte sur le bombardement des voies de communications.

6 - Douglas B26 B 61-DL, Serial 434564 et codé BC-564 du GB 1/19 « Gascogne ». Son armement comporte six mitrailleuses de nez de 12,7 mm et deux armes de même calibre sous tourelle supérieure ; pas de tourelle ventrale. Il fut livré le 3 janvier 1951 au titre du Pacte d'Assistance mutuelle (PAM). Il faisait partie d'un premier lot de 25 exemplaires arrivés le même jour.

1

2

3

5

5 - Le C-119 n° 536 a été touché par l'artillerie. Le pilote sera grièvement blessé.

6 - Ce Fairchild C-119 Packet a été contraint de se poser sur la piste de Diên Biên Phu à la suite d'une panne de moteur. Le lieutenant Oustric, pilote du 187, malgré le « manque de longueur » de la piste, parviendra à l'arracher du sol. (E.C.P.A.)

7 - Les coquilles du Fairchild C-119 Packet ont été enlevées de là, on peut voir les rails sur lesquels sont guidés les palettes du matériel.

4

6

1, 2, 3 et 4 - Vue en enfilade de ce groupe de Fairchild C119 Packet. La plupart de ces appareils sont décorés avec silhouettes de femmes sexy, peintes à l'avant sur le côté gauche.

7

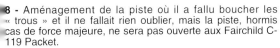
8 - Aménagement de la piste où il a fallu boucher les « trous » et il ne fallait rien oublier, mais la piste, hormis cas de force majeure, ne sera pas ouverte aux Fairchild C-119 Packet.

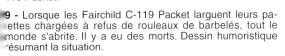
9 - Lorsque les Fairchild C-119 Packet larguent leurs palettes chargées à refus de rouleaux de barbelés, tout le monde s'abrite. Il y a eu des morts. Dessin humoristique résumant la situation.

8

_22 !! Aux tranchées.........Y'en a encore un !!!!

9

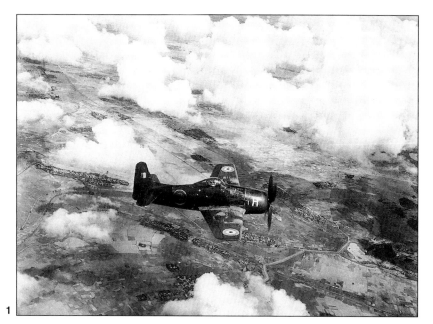

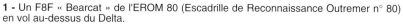

1 - Un F8F « Bearcat » de l'EROM 80 (Escadrille de Reconnaissance Outremer n° 80) en vol au-dessus du Delta.

2 - Deux F8F « Bearcat » en vol dans la région de Xieng-Khouang (Laos). L'insigne à l'avant, le « chardon », indique que le 1er appareil est du II/22 (ex II/8). Il porte le requin sur le côté gauche et le chardon à droite (photo). Le second appareil est de l'EROM 80.

3 - Un F8F Bearcat survole le fleuve Rouge et le pont Doumer (long de 1 800 m) avant de gagner la base de Bach Mai.

4 - Un détachement du B.C. 1/22 « Saintonge » est en alerte à Diên Biên Phu. Ici, les armuriers viennent de fixer une bombe de 500 livres US (227 kg). Une autre est déjà sous le plan gauche. (ECPA.)

5 - Les armuriers et mécaniciens du Groupe de Chasse (G.C.) 1/22 « Saintonge » s'affairent autour de leurs Bearcat. Les bombes de 500 livres (US) sont en place. Maintenant, ils

peuvent encore ajouter quatre roquettes HVAR de 127 mm. Tous sont occupés, sauf celui qui, debout, « contrôle » en évitant de casser son pli de pantalon. (EC-PA.)

6 - Le lieutenant pilote Parisot, de l'EROM 80 quitte son appareil dont on aperçoit l'insigne : une hirondelle sur une carte d'Indochine, entourée d'un bout de film perforé.

7 - Les pilotes de F8F Bearcat quittent leur abri à Diên Biên Phu pour gagner leur avion. Le premier est le lieutenant Parisot de l'EROM 80.

8 - L'équipe de piste de l'EROM 80, dont les armuriers, assistent à une séance d'instruction et d'entretien sur une camera à monter sur Bearcat.

9 - Le capitaine Moulin, commandant l'EROM 80. Il disparaîtra en mission le 13 juin 1954, abattu par la DCA Viêt.

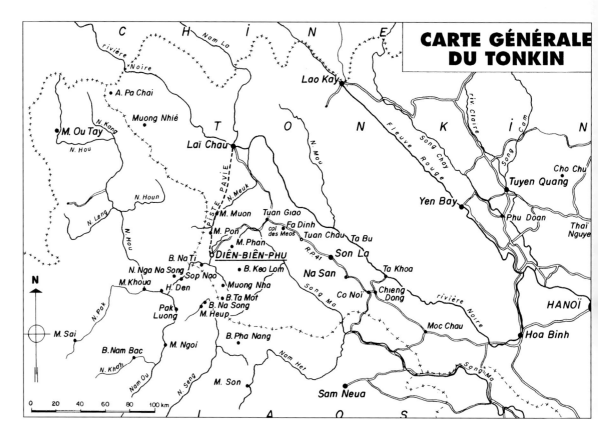

L'installation du camp retranché

Après avoir parachuté, les Dakotas aérotranspor-
tent. Le 25 novembre, la piste d'aviation qui était en-
dommagée, (on a compté plus de 1 200 trous), est
ouverte. Un bulldozer est parchuté mais, mal arrimé,
il s'écrase au sol ; un deuxième est balancé, mission
assurée par des Fairchild C-119 *Packet*, il atterrit en
bon état, prêt au service. L'armée de l'air s'installe
avec des chasseurs F8F *Bearcat* et des Morane-500
Criquet, tandis que deux hélicoptères H-19 ou S-55
déposent le matériel radio d'approche et de fonction-
nement de la tour de contrôle. L'indicatif radio de
« Diên » est « Torri Rouge ».

Le général Giap, qui a rapidement appris l'occupation de Diên Biên Phu, n'est pas surpris. Cogny apprend le lendemain du commandant Levain, son
chef 2e Bureau, dont les services ont intercepté les
messages viêtminh, que Giap a lancé un ordre de
mouvement aux divisions 308, 312 et 351, celle d'artillerie, la 316, déjà en route vers le nord-ouest, de-
vrait normalement atteindre les environs de Diên
Biên Phu vers le 6 décembre, la 308, vers le 24 et la
division lourde vers le 26 ; la 312, suivant les mêmes
probabilités, vers le 28. Giap, qui est bien renseigné
sur le plan Navarre et les intentions qu'il a de l'attirer
sur un terrain choisi, pour une bataille qui lui permet-
tra d'écraser le corps de bataille viêt-minh, semble
apparemment satisfait.

L'aménagement du camp retranché transforme progressivement la vallée verdoyante en champ labou-
ré. Les arbres tombent, les herbes sont rasées et
brûlées, ensuite, c'est pour le soldat, le retour à la
terre. La vallée prend une teinte rougeâtre et les
avions qui sont en mouvement continuel, décol-
lages-atterrissages, comme les véhicules, soulèvent
d'épais nuages de poussière.

Le dimanche 22 novembre, un Beaver, petit appareil
à aile haute, s'était posé, chargé à refus de bicyclettes ; il en repartit avec des blessés. Un deuxième
Beaver dépose Cogny, le temps d'un coup d'œil. Le
dimanche suivant, un C-47 amène Navarre et Cogny
pour une brève visite.

Le temps de ces visites et autres inspections ne gêne que l'état-major et les gardes d'honneur. Par une
idée de synthèse, « Castor » qui désignait jusque-là
le camp retranché, est remplacé par « GONO »,

1 - Marc Jacquet, secrétaire d'Etat chargé des relations
avec les Etats Associés. Il joue les inutilités, mais fume
bien la pipe. La Ve République en fera un ministre. (ECPA.)

2 - Le général Navarre a décidé de passer la nuit de Noël
au milieu de ses soldats. Un rituel, parfois.... De droite à
gauche : le colonel Baucher, commandant le GM9, le colonel de Castries, le général Navarre, le colonel Revol. Au
bout, Paule Gourgeade, secrétaire de Castries. (ECPA.)

3 - Des légionnaires du III/13e demi-brigade de la Légion
étrangère, venus du CR « Béatrice », ont chanté les airs de
Noël. Ces bérets sont propres à « la treize ». Ensuite, ont
suivi les airs de la vieille Légion ; c'était une occasion pour
trinquer au « vinogel » – (vin en poudre délayé dans l'eau).
(ECPA.)

1

4 - A quelques jours de la vraie bataille, le colonel de Castries peut se poser des questions. Où en est-il de cette base offensive dont on lui avait parlé ? Il est encerclé, pratiquement bouclé dans la « cuvette » que les aviateurs n'hésitent pas à rebaptiser « bidet ». Aucune patrouille en reconnaissance ne peut remonter les crêtes. Giap est au rendez-vous. Pourquoi le lui avoir donné ? (ECPA.)

5 - René Pleven, ministre des forces armées, est venu visiter le GONO avec tous les pouvoirs. Il feint d'ignorer les critiques de certains officiers généraux sur le camp retranché. Tel Ponce-Pilate, il s'en lave les mains. Accompagné du général Cogny, il visite le camp, à bord de la jeep que de Castries a fait décorer d'un croissant et une étoile.

(Groupement Opérationnel du Nord-Ouest) ; sigle qui fait sourire. Diên Biên Phu va être également appelé la « cuvette » à cause de la ceinture de montagnes et de crêtes. Le « biffin » lambda, qui devait crapahuter les reliefs n'était pas du même avis.

Les premiers contacts

Le **5 décembre**, une reconnaissance qui engage le 8e BPC, une compagnie thaï les conduit à une trentaine de kilomètres dans la montagne. Le 1er BPC et un détachement du II/1er RCP, quant à eux, remontent la route principale 41 (RP 41). C'est à hauteur de Ban Him Lam, à environ 5 kilomètres du centre de Diên Biên Phu, qu'ils sont violemment accrochés par des Viêts attaquant par vagues, appuyés par des mortiers. Heureusement, les autres unités les dégagent et l'intervention de l'artillerie du GONO, leur permet de se replier.

Les pertes sont pour le moins sensibles : douze tués et vingt-six blessés. La fouille des cadavres viêts révèle que l'embuscade a été montée par le bataillon 888.

Le même jour, la patrouille « Savart bleu » de la 11e flottille est catapultée par le porte-avions *Arromanches*. Sur le Hellcat 11F-30, l'enseigne de vaisseau Robin, suivi du second-maître Andriès (11F-31). En mission sur Phu To, ils sont violemment pris à partie par la DCA. Robin est touché. L'avion pique vers le sol ; il explose avant de s'écraser en multiples morceaux. Andriès est également touché, mais l'avion reste manœuvrable. Il est contraint de se poser à Bach Mai, dans les « décors », parce qu'il a un pneu crevé.

Cogny s'applique en préparant l'évacuation de Lai Chau, situé à environ 80 kilomètres au nord de Diên Biên Phu. Elle doit être effectuée par surprise, à la fois par air et par terre. L'opération est baptisée « Pollus », nom du frère de « Castor ». La stratégie est hésitante, mais l'histoire éprouve les mémoires.

Le **7 décembre**, Gilles qui réclamait incessamment son remplaçant, est satisfait de le voir arriver, c'est le colonel Christian Marie Ferdinand de la Croix de Castries. Un cavalier des Spahis marocains que Navarre a eu sous ses ordres durant la campagne d'Allemagne. Il a également servi sous de Lattre de Tassigny, au Tonkin en 1951. Le choix sera critiqué, plus tard, mais personne ne s'est porté candidat à sa place, certains ont dit qu'il cherchait ses étoiles, il était généralisable sans ça. La seule chose qui est sûre, est qu'il s'est fait avoir en lui faisant briller que Diên Biên Phu sera une base offensive… En attendant, un *Bristol 170 Freighter* a livré huit obusiers de 105 mm, qui sont dans un tel état d'usure qu'on va les remplacer par d'autres, entre le 11 et le 17 janvier.

En renfort, il est prévu d'envoyer des chars M-24 *Shaffee*. Deux pelotons de trois, plus un pour le chef d'escadron ; un troisième peloton sera affecté un peu plus tard au Centre de Résistance (CR) situé à environ cinq kilomètres plus au sud, en dehors du dispositif, il sera appelé « Isabelle ». L'arrivée de ces chars réconforte de Castries.

Le premier CR aménagé est « Béatrice », le 10 décembre, ensuite, « Isabelle », le 20 décembre. Viendront encore, les « Anne-Marie », les « Claudine », les « Huguette », les « Dominique », les « Eliane »…

Sur demande de l'armée de l'air, par souci de protection de la piste d'aviation, le CR « Gabrielle » sera aménagé début janvier. La crête boisée est carrément dans l'axe de piste.

1 - René Pleven, ministre de la défense, s'est rendu à Diên Biên Phu et est venu également remettre des décorations. Là, c'est le colonel Gaucher, commandant le GM9. Derrière le colonel Piroth, commandant l'artillerie du GONO et on accroche les « T.O.E. »… (ECPA.)

2 - Le général Blanc, chef d'état-major de l'armée de terre s'est rendu en inspection au CR « Isabelle ». Reçu par le colonel Lolande, il inspecte le dispositif. Les joints d'appui sont tenus par le 1/2 RTA, le 3/3 REI, des batteries de 105 mm une compagnie Thaï et un peloton de chars du lieutenant

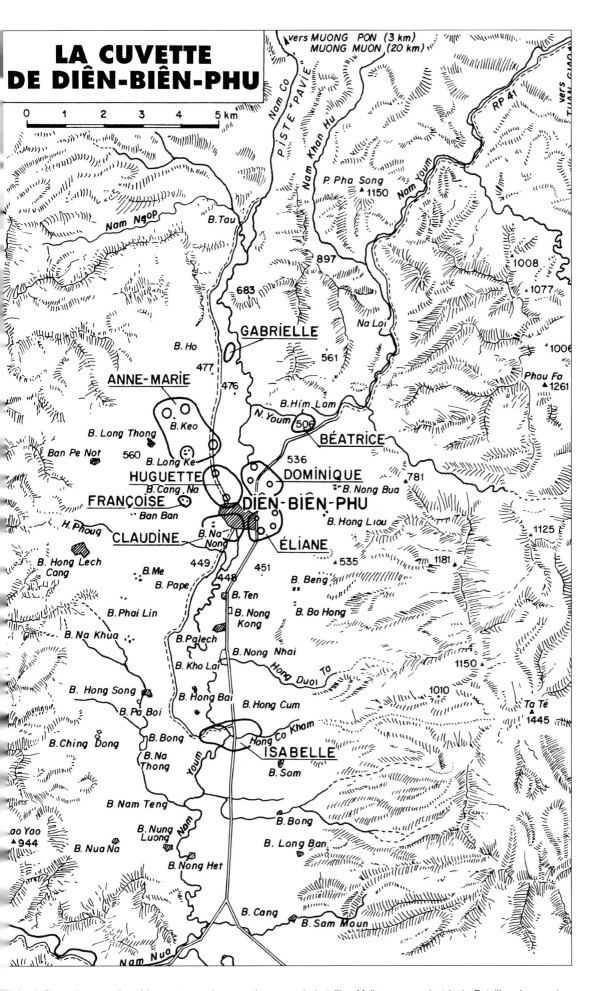

LA CUVETTE DE DIÊN-BIÊN-PHU

0 1 2 3 4 5 km

vers MUONG PON (3 km)
MUONG MUON (20 km)

Nam Co
PISTE "PAVIE"
Nam Khan Hu
RP 41
vers TUAN GIAO

P. Pha Song
▲1150
Nam Youm

897

683

1008

•1077

GABRIELLE

Na Loi

561

B. Ho

▲1006

477

ANNE-MARIE

476

Phou Fa
▲1261

B. Him Lam

N. Youm 506

BÉATRICE

B. Keo

B. Long Thong

Ban Pe Not   560

B. Long Ke

536

DOMINIQUE

781

B. Nong Bua

HUGUETTE

B. Cang Na

DIÊN-BIÊN-PHU

FRANÇOISE

Ban Ban

B. Hong Liou

1125

H. Phoug

CLAUDINE

B. Na Nong

ÉLIANE

449

•535

1181

B. Hong Lech Cang

B. Me

451

B. Pape

448

B. Beng

B. Ten

B. Phai Lin

B. Nong Kong

B. Bo Hong

B. Na Khua

B. Palech

B. Nong Nhai

B. Kho Lai

Hong Duoi To

1150 ▲

B. Hong Song

B. Hong Bai

B. Hong Cum

1010

Ta Té
1445

B. Pa Boi

B.Ching Dong

B. Bong

Hong Co Kham

B. Na Thong

ISABELLE

Nam Youm

B. Som

B. Nam Teng

B. Bong

ao Yao
▲944

B. Nung Luong

B. Long Ban

B. Nua Na

B. Nong Het

B. Cang

Nam Nua

B. Sam Moun

réaud. Blanc, homme d'expérience et « entier » en tirera, e l'ensemble du camp, des conclusions pessimistes.

 - Le 2 mars 1954, adieux du général Gilles, aux Troupes éroportées d'Indochine (TAPI). Là, il serre la main du chef de bataillon Mollo, commandant le 1er Bataillon de parachutistes viêtnamiens. Diên Biên Phu se passera de lui, il en a eu assez avec Na San. Son cœur est bien fatigué car il a déjà fait d'autres séjours en Indochine.

61

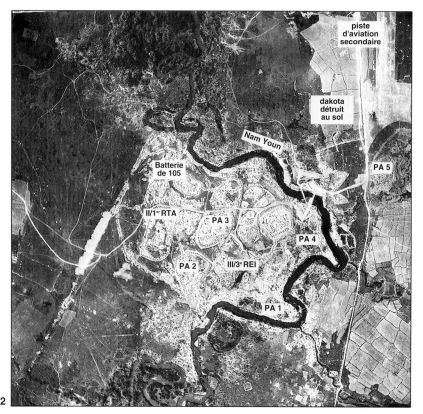

Intermède « Pollux »

On distingue trois phases. Lai Chau, capitale de la fédération thaï, où règne Déo Van Long, le président fédéral, est également une base aéroterrestre. Une petite piste d'atterrissage permet des mouvements aériens, mais son approche est plutôt « pointue », sinon dangereuse. Les pilotes de Dakota prennent des repères sur des sentiers de muletiers, en se maintenant approximativement à la même hauteur, tout en amorçant la descente.

Le lieutenant-colonel Trancart, commandant la garnison, organise le repli. Le premier détachement du groupement mobile de partisans thaïs (GMPI), 700 hommes commandés par le capitaine Bordier, un Eurasien, gendre de Déo Van Long, prend la piste le 15 novembre et malgré des attaques et des embuscades, la colonne arrive le 24 à Diên Biên Phu, drapeaux français et thaï en tête.

Le second mouvement se fait par voie aérienne vers Diên Biên Phu. Aucun problème... Tout est terminé le 25 novembre.

Reste la phase la plus périlleuse. L'arrière-garde représente 2 400 partisans. Par petits groupes, ils se lancent sur la piste. Les paras de « Diên » sont censés aller au devant d'eux en recueil. Il aurait fallu compter avec la division 316.

Le **8 décembre**, les 7 compagnies du lieutenant Guillermit tombent dans la masse. Quarante-huit heures plus tard, il ne reste plus que quelques survivants, éparpillés, titubant parfois, dans la jungle.

D'autres sont partis avec le sergent Arsicaud. Tous seront morts ou portés disparus.

Le groupe du lieutenant Ulpat, sévèrement étrillé n'aura que quelques rescapés : Ulpat, 5 officiers, un lieutenant thaï du 301e bataillon viêtnamien (BVN) et 6 partisans. Traqués dans la brousse, ils ont pourtant réussi à lancer des S.O.S. à la radio. Un hélicoptère les récupère le 22 décembre.

Le caporal-chef radio Vigier Roger, du GMI, est parti le 6 décembre, sur la piste Pavie. C'est au col des Partisans que les Viêts les attendent. Alors qu'ils sont installés sur une crête, les Viêts les encerclent et partent à l'assaut. Pas le temps de récupérer les postes radio, les chevaux de bât, debouts, sont rapidement tués par les coups de mortier. Ceux qui parviennent à décrocher, n'ont plus intérêt à suivre la piste Pavie. L'aide demandée à l'aviation n'a aucun effet. Vigier a néanmoins réussi à sauver son poste et l'antenne.

Ils arrivent à Muong Ton, où ils récupèrent durant une partie de la nuit. Le lendemain matin, prenant la direction de l'ouest, sur une piste très étroite, bordée de bambous très hauts, les rescapés qui se sont joints à Vigier, progressent durant deux jours. Soudain, c'est l'embuscade. Les Viêts sont partout c'est la panique. Vigier se retrouve seul, poste détruit et sans arme. Il va errer ainsi, jusqu'à la limite de l'épuisement et retrouver un groupe de partisans thaïs. Ils arriveront enfin, le 1er janvier 1954, à Muong Outay au Laos, un poste, commandé par le sergent Simoncini, situé à environ 140 kilomètres à vol d'oiseau de Lai Chau. Il y restera environ deux mois pour récupérer.

En conclusion, les Viêts sont bien là, tout autour et en force. Le **11 décembre**, les paras du GAP 2 ont plusieurs fois tenté de se porter, depuis Diên Biên Phu, en recueil des partisans de Laï Chau. Ils mettront déjà plus de cinquante heures pour couvrir dix huit kilomètres. En atteignant Muong Pon, ils ne découvriront que des cadavres d'hommes et d'animaux. Le repli sera terrible et coûtera chaud en vies humaines. Des blessés mourront carbonisés dans les herbes en flammes. Le retour à « Diên » ne sera guère glorieux...

L'utilité de l'opération « **Ardèche** » ? Elle consistait à la jonction d'une colonne, commandée par le lieutenant-colonel Langlais, guéri de sa blessure, qui partait de Diên Biên Phu, à la rencontre d'une autre partie de Muong Khoua (Laos), sous les ordres du commandant Vaudrey. La poignée de main de

1 - Le général O'Daniel, commandant la mission américaine en Indochine, visite le camp de Diên Biên Phu. De Castries lui fait suivre le circuit des invités de marque. Le général américain envoie des rapports et des avis éclairés au gouvernement. Il est écouté, car il est également conseiller militaire du Président Eisenhower. Pour les approvisionnements, les compléments en matériel... C'est sous l'impulsion de cet officier que ça passe. (ECPA.)

2 - Le CR « Isabelle », photographié le 13 mars à 15 h 30, le camp retranché est en alerte, car les renseignements ont prévenu que c'est pour ce soir... mais après diverses alertes non « honorées » certains n'y croient guère.

3 - Secteur Est du GONO représentant les Centres de résistance et joints d'appui « Dominique » indiqués par « D » et « Eliane » indiqués par E. Le mont fictif et le mont Chauve. Ces photos appartenaient à des pilotes et ont été remises avant mission.

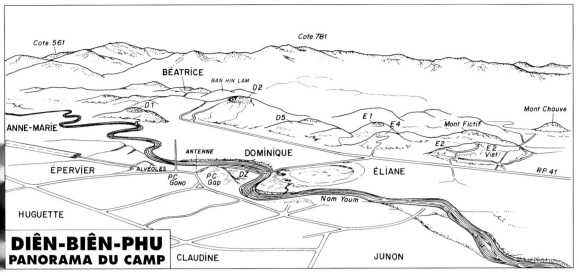

DIÊN-BIÊN-PHU
PANORAMA DU CAMP

4 - Au centre, la piste d'aviation de Diên Biên Phu, avec les PA d'Huguette, Epervier. A droite de la piste, les alvéoles pour les Bearcat, les batteries d'artillerie. Deux Morane-500 (Criquet) sont au parking à proximité. A gauche de la bande d'atterrissage, la piste Pavie. Le long, à droite, le drain. Les points marqués le long de la piste représentent les Dakotas au parking. (DK.) Cette photo a été prise le 13 mars à 15 heures, c'est-à-dire 2 h 15 avant le déclenchement de la bataille.

deux officiers fut photographiée. Le colonel de Castries, ne voulant pas marcher durant 80 kilomètres vint avec un « Criquet ». La piste avait été préparée la veille par des tirailleurs marocains, auxquels l'avion de ravitaillement avait parachuté des outils. Cette fameuse rencontre de Sop Nao n'avait aucun sens. Les hommes firent demi-tour, dans un état d'épuisement flagrant, trempés et déshydratés. Ils eurent la sagesse d'emprunter d'autres pistes qu'à l'aller, car le régiment 148 grenouillait dans les parages. C'est dans ces conditions qu'ils vont passer la nuit de Noël. Et paix sur la terre aux hommes de bonne volonté !

A Diên Biên Phu, la nuit de Noël est plus calme, le « Généchef » est venu, avec des officiers de son état-major, assister à la messe de Minuit. Trois jours plus tard, le colonel Guth, chef d'état-major de de Castries, a été tué lors d'une opération à proximité de Ban Him Lam, situé à l'est du CR « Béatrice ». Les reconnaissances ne parviennent même plus à sortir de la « cuvette », les Viêts sont immédiate-

DIÊN-BIÊN-PHU
CENTRE DU CAMP
RETRANCHÉ

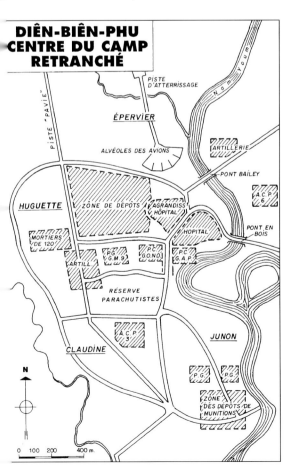

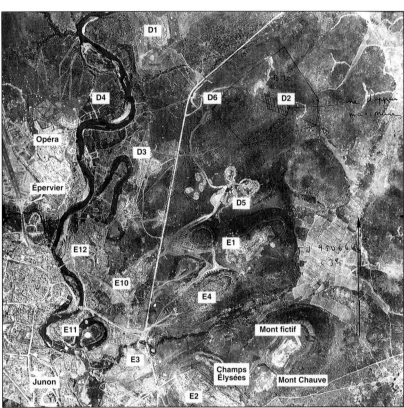

3

4

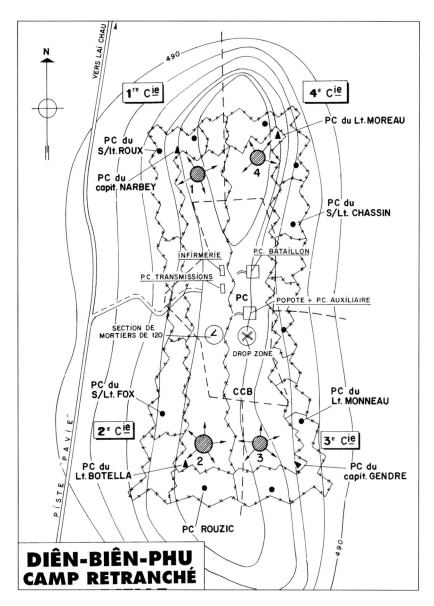

1re Cie
4e Cie

PC du Lt.MOREAU

PC du
S/lt.ROUX

PC du
capit. NARBEY

PC du
S/Lt. CHASSIN

INFIRMERIE

P.C. BATAILLON

P.C. TRANSMISSIONS

PC

POPOTE + P.C. AUXILIAIRE

SECTION DE
MORTIERS DE 120

DROP ZONE

PC du
S/Lt. FOX

CCB

PC du
Lt. MONNEAU

2e Cie

3e Cie

PC du
Lt. BOTELLA

PC du
capit. GENDRE

PC ROUZIC

**DIÊN-BIÊN-PHU
CAMP RETRANCHÉ**

ment là pour les repousser. La base offensive a changé de vocation.

Janvier de malheur

Les services de renseignements ne sont guère optimistes. Des listes impressionnantes de matériel, de munitions, de vivres indiquent qu'il y a du monde à approvisionner du côté de Tuan Giao, le groupe de

dépôts situé à l'embranchement de la RP 41 et d'une route, plus à l'est que la piste Pavie et qui mène à Lai Chau.

A la date du **15 janvier**, les Viêts auraient regroupé 21 bataillons d'infanterie, 3 groupes de 105 mm, 4 bataillons de DCA et d'autres engins d'artillerie lourde.

D'autre part, on craint une attaque pour le 25 janvier. Elle n'aura pas lieu. En revanche, une série d'opérations est lancée pour dégager le nord-ouest du GONO. Le V/7e RTA (Ve bataillon de marche du 7e régiment de tirailleurs algériens) qui occupe « Gabrielle », situé à 4 kilomètres au nord, en dehors du dispositif, accroche violemment sur la côte 633, au nord-est du CR.

Souvent, les tirailleurs font des reconnaissances avec les légionnaires du III/3e DBLE, qui occupent « Béatrice ». Les accrochages sont de plus en plus rapprochés de ces deux positions. Rien que les cotes 633, la 566, la 674 semblent porter la poisse, étant donné qu'à chaque fois, il y a des morts et des blessés, qui seront difficilement remplacés. C'est pour ça qu'Hanoi suggère de ne plus lancer trop d'opérations du genre...

Giap, entre-temps, a lancé la division 308 vers Luang Prabang (Laos). Le seul qui ait compris, c'est Cogny. C'était une diversion. D'ailleurs, la division revient peu après.

Le **11 mars**, vers 17 heures, un tir d'artillerie se déclenche sur l'aire d'atterrissage. Au troisième coup, un Fairchild C-119 Packet, en panne à la suite d'un début d'incendie sur un moteur, est frappé de plein fouet. Il prend feu, puis s'effondre sur le nez, la queue bipoutre levée vers le ciel. Un signe précurseur avant l'orage.

Le **12 mars**, Cogny est venu encore une fois à « Diên ». A 15 h 30, alors que son Dakota roule au sol, des obus éclatent sur les aires de stationnement, un Criquet prend feu et un autre s'effondre. Le pilote de Cogny pousse ses moteurs et arrache son « Dak ». Mauvais présage encore.

Le soir, vers 17 h 30, un Bearcat est atteint par la DCA. Lors de la conférence du soir, de Castries, qui réunit ses chefs de service, ses commandants de sous-secteur et de points d'appui (PA), se complaît à leur lire le télégramme du général Lauzun, chef de l'aviation en Indochine : *« La situation de Diên Biên Phu dépend de l'action aérienne de ce jour. J'admets risques exceptionnels... »*

Le chef du GONO laisse ensuite tomber : *« Messieurs, c'est pour demain 17 heures. »*

Le capitaine Noël, chef du 2e Bureau du camp retranché vient d'être informé que les derniers habitants des villages avaient décidé d'évacuer et de quitter la vallée...

Les paysans Thaïs évacuent leurs paillottes. Les Viêts, en prévision d'une attaque imminente, leur ont donné l'ordre de partir. Nous sommes le 12 mars au soir. Le général de Castries, au briefing du soir, dira : « Messieurs, c'est pour demain, 17 heures... »

1

2

3

LA LÉGION

1 - 3ᵉ Régiment Etranger d'Infanterie dont il y avait le 3ᵉ Bataillon, la 12ᵉ Compagnie du 3ᵉ Bataillon.

2 - 5ᵉ Régiment Etranger d'Infanterie (variante de Drago).

3 - 13ᵉ Demi Brigade de Légion Etrangère dont le 3ᵉ Bataillon occupera le Centre de Résistance « Béatrice ».

4 - Service du Chiffre.

5 - 2ᵉ Régiment Etranger d'Infanterie.

6 - 5ᵉ Compagnie Mobile de Réparations de Légion Etrangère - 2ᵉ section.

7 - 2ᵉ Compagnie de Réparations d'Engins Blindés de la Légion Etrangère.

4

5

6

7

1

2

3

4

LES PARAS

1 - 1er B.E.P. - 1er Bataillon Etranger Parachutiste.

2 - 1er Bataillon de Parachutistes Coloniaux dont la moitié de l'effectif sera parachuté du 3 au 5 mai 1954 sur « Diên » pour les ultimes combats du camp retranché.

3 - 1er Bataillon de Parachutistes Laotiens.

4 - 17e Bataillon de Génie Parachutiste.

5 - 1re Compagnie Etrangère Parachutiste de Mortiers Lourds.

6 - 2e B.E.P.

5

6

7

8

10

7 - 5ᵉ Bataillon de Parachutistes Viêtnamiens (5ᵉ Bawouan).

8 - 6ᵉ Bataillon de Parachutistes Coloniaux « Bataillon Bigeard ».

9 - 8ᵉ B.P.C. 8ᵉ Bataillon Parachutistes de Choc.

10 - II/1ᵉʳ R.C.P.

11 - 35ᵉ R.A.L.P. Régiment d'Artillerie Légère Portée.

12 - 342ᵉ CPT Compagnie Parachutiste des Transmissions.

9

11

12

1

2

3

AVIATION
ET
BF/ONU

1 - G.T. 2/63 « Sénégal » indicatif « Mamadou ». Groupe transport doté de C-47 « Dakota ».

2 et **3 -** S/G MMTA. Sous-groupement de moyens militaires de transport aérien.

4 et **5 -** ELA 52 Escadrilles de liaisons - ELA 53 aériennes. EROM 80 (Escadrille de Reconnaissance Outremer n° 80).

———

6 - Insigne du bataillon français de l'ONU BF/ONU.

4

5

6

7

L'AÉRONAVALE

7 - Insigne du porte-avions Arromanches.

8 - L'Hippocampe - Insigne de la 11e Flottille du groupe aérien du P.A. Arromanches doté de F6F « Hellcat ».

9 - Croissant et étoile - Insigne de la 3e Flottille groupe aérien du P.A. Arromanches doté de SB2C5 « Helldiver ».

10 - « La tête de loup noir » - Insigne de la 28e Flottille de l'Aéronautique Navale dotée de PB⁴ Y² « Privateer ».

11 - L'insigne « Le corsaire borgne » est celui de la 14e Flottille de l'aéronautique navale. Celle-ci est dotée de Chance-Vought F4 U-7 « Corsair », du moins normalement – car pour l'Indochine, c'est le porte-avions USS Saipan qui a livré des AV-1 « Corsair » pour les derniers jours de la bataille de Diên Biên Phu. L'insigne a été dessiné par le lieutenant de vaisseau Montpellier, surnommé « Monpluche ». Il peint aujourd'hui sous le « pseudo » : Jean Brux.

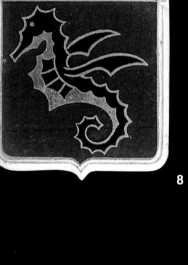

8

9

10

11

3e Bataillon Thai sur les « Anne-Marie » à Diên Biên Phu.

2e Bataillon Thai - A Diên Biên Phu, où il gagnera sa deuxième citation à l'ordre de l'armée.

LES UNITÉS THAÏ ET VIETNAMIENNES

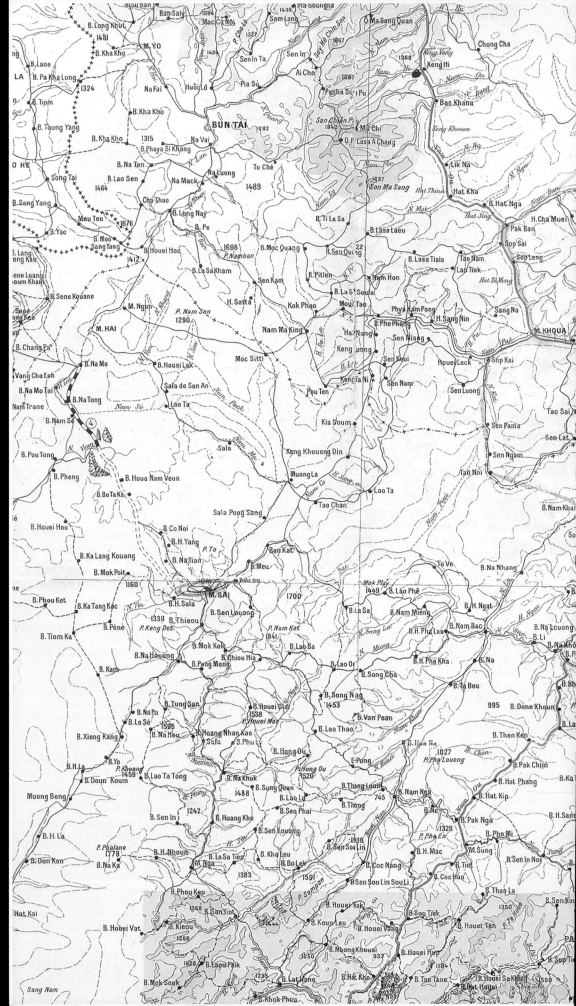

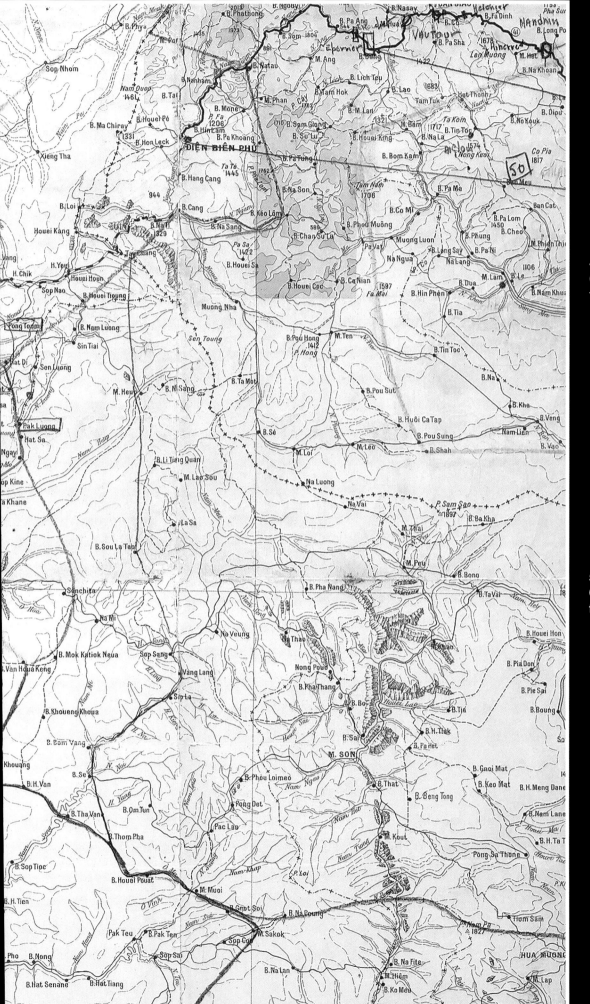

4e Bataillon de Chasseurs Lao-tiens.

5e Bataillon de Chasseurs Lao-tiens.

301e Bataillon viêt-namien.

1

2

3

4

1 - Les paras du 1er BEP, inlassablement, assurent les re-connaissances, qui sont souvent des coups d'épée dans l'eau, sur les côtes comme le point coté « 700 », chaque jour, il y a des morts et des blessés… (Photo Rondy.)

2 - Les paras du 1er BEP rayonnent vers les crêtes environnant, le Centre de résistance (CR) « Béatrice », tenu par le III/13e DBLE (3e bataillon de la 13e demi-brigade de Légion étrangère) ou en tentative de recueil sur la piste Pavie pour dégager les compagnies de supplétifs venant de Lai Chau. (Photo Rondy.)

3 - Patrouille de légionnaires-paras du 1er Etranger para-chutistes (1er BEP) sur les crêtes au nord-est de la cuvette. (Photo Rondy.)

4 - Les « maréchaux » du 1er BEP : « Loulou » Martin, Ca-biro, dit le « Cab », X. (Photo Rondy.)

5 - Reconnaissance des légionnaires du 1er BEP sur ces crêtes étouffées par la jungle où les Viêts ont aménagé des casemates au ras du sol, bien camouflées. A chaque sor-tie, les pertes sensibles deviennent inquiétantes. (Photo Rondy.)

5

1 - Pièce de 155 HMI, du matériel américain, généralement apprécié pour sa robustesse et sa facilité d'entretien. Sa portée utile va jusqu'à 16 000 mètres.

2 - Un char M-24 Shaffee d'un peloton du 1er chasseurs à cheval (1er RCC). Il y en avait dix à Diên Biên Phu

3 - Le médecin du 1er BEP, le lieutenant Rondy, au-dessus de son infirmerie pour laquelle il a dressé les plans et veille à son aménagement. Elle résistera aux coups de l'artillerie.

(Photos Rondy.)

4 - Le lieutenant-médecin Rondy, « toubib » du 1ᵉʳ BEP, qui a déjà un « passé de guerre » à la 2ᵉ D.B., se retrouve souvent à pied d'œuvre à « Dien ». Là, il rédige la fiche d'évacuation médicale pour un de ses légionnaires, Termetschef, un de ses fidèles.

5 - Le lieutenant-médecin Rondy devant une lucarne au ras du sol qui évitait la projection meurtrière des éclats.

6 - On avance, mais on ne voit rien et quand l'embuscade, souvent violente, se découvre, il y a vite de la casse ! (Photos Rondy.)

C-47B-DK (USAAF s/n 44-76356 F-RBGI) « Seigneur India »
du G.T. 2/64 « Anjou » à Diên Biên Phu (Tonkin) - été 1954

G. T. 2/64 « ANJOU »

F-RBGI n° 44-76356

Aviation de transport en Indochine (novembre 1953 à mai 1954)

Dates	Avions		Possibilités en heures de vol	Equipages disponibles		Nombre de mécaniciens	Possibilités en heures de vol
	C-47	C-119		C-47	C-119		
Novembre 1953	69	5	4 000	68	5	625	4 500
Décembre	91	15	5 200	60	5	662	4 500
Janvier 1954	94	15	5 200	60	10	698	5 850
Février	90	15	6 050	74	4	707	7 200
Mars	88	24	7 500	76	6 (12)	-	-
Avril	101	29	7 300	55	5 (12)	745	7 200
Mai	103	29	5 324	49	10 (12)	743	6 100

G. T. 1/64 « BÉARN »

C-47B-DK (USAAF s/n 43-49816 F-RBDS) « Bœuf Sierra »
du G.T. 1/64 « Béarn » à Luang Prabang (Laos)
automne 1953

Peintures J. F. Cornu/Heimdal

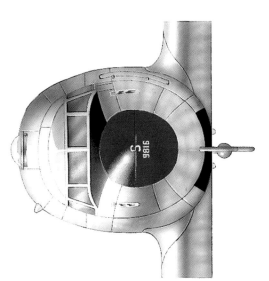

F-RBDSI n° 43-49816

G.T. 2/62 « FRANCHE COMTÉ »

F-RAZE n° 43-49931

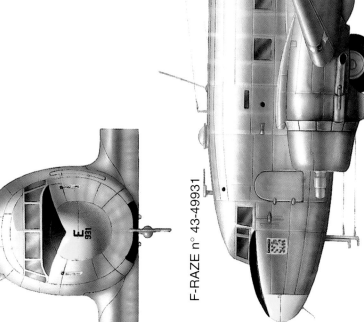

C-47B-DK (USAAF s/n 43-49931 F-RAZE) « P'tit-Loup Écho »
du G.T. 2/62 « Franche Comté » à Na San (Tonkin) - mai 1953

Aviation de transport en Indochine (novembre 1953 à mai 1954)

Dates	Tonnage demandé		Tonnage fourni		Heures de vol
	t/j	Total	t/j	Total	
Du 20-11 au 22-11-1953	100	300	115	345	925 (*)
Du 23-11 au 26-11-1953	100	300	112	337	392
Du 27-11-1953 au 31-1-1954	174	11 600	165	11 055	10819 (**)
Du 1-2 au 12-3-1954	115	4 600	90	3 608	2 621
Du 13-3 au 7-5-1954	182	10 200	127	7 120	7 809 (***)
Total	158	26 700	133	22 465	22 566

(*) dont parachutage de 4 565 hommes
(**) dont aérotransport de 5 600 hommes
(***) recomplètement des stocks détruits par le Viêt-minh
Nota : Ce tableau concerne le tonnage livré au camp retranché de Diên Biên Phu par le transport aérien militaire et l'aviation civile (du 20 no-

G.T. 2/63 « SÉNÉGAL »

C-47B-DK (USAAF s/n 43-49524 F-RBNM) « Négro Mammadou »
du G.T. 2/63 « Sénégal » à Gia Lam (Tonkin) - juillet 1954

Peintures J. F. Cornu/Heimdal

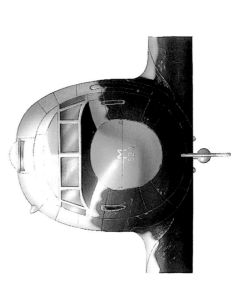

F-RBNM n° 43-49524

Ci-contre : Un supplétif vietnamien garde les abords d'un terrain où se trouve un « Dak » au nez rouge du G.T. 1/64 « Béarn ».

Ci-dessous : B-26C du GB 1/25 Tunisie sur la base de Cat Bi (Haiphong) au Tonkin. Ces appareils ne sont pas marqués du « buzz number » de fuselage.

Ci-dessous : Un document exceptionnel par sa qualité, vu son âge, représentant un « Dak » du G.T. 2/62 « Franche-Comté » à l'intrados camouflé (Tourane, 1954).

Du 13 mars au 7 mai 1954

2 - L'agonie

Des avis et des réticences

Si le général américain O'Daniel s'est montré assez enthousiaste de ce qu'il avait vu à Diên Biên Phu, tout en ignorant ce qu'il y avait tout autour, sur les crêtes, d'autres visiteurs, en revanche, ont non seulement émis des réserves, mais également formulé certaines réticences.

Le général Ely, malgré la présentation optimiste que lui a fait le colonel de Castries, remarqua la fragilité de certains abris et en fit la remarque. Même René Pléven, lors d'une conversation avec le colonel Gaucher, commandant le GM 9, lui demanda s'il ne fallait pas compter, d'après des renseignements recoupés, avec l'intervention de l'artillerie viêtminh ? Fort de son expérience du terrain, Gaucher qui était déjà à « Diên » en 1945, lui rétorqua qu'on se battrait comme à Verdun. Pourtant, on était loin des pantalons garance...

Le chef de bataillon de Mecquenem, « patron » du V/7 RTA et de « Gabrielle », qui avait appartenu à la mission militaire à Washington, sous les ordres du général Ely, voulut profiter de la visite de son ancien chef pour solliciter un entretien. Ely lui promit de le voir en fin de journée. Malheureusement, un oubli ou le manque de temps, il décolla le soir, laissant son adjoint à ses sombres pressentiments.

Quant au général Fay, chef d'état-major des forces aériennes, sur une question de Pleven, il sera plus direct : « *Je conseillerai au général Navarre, du maigre répit qui lui est donné et de la possibilité qu'il a encore d'utiliser ses deux terrains, pour sortir d'ici tout le personnel qu'il pourra, car il est perdu, c'est tout !* » C'était en février. Les quelques personnes présentes, regardant ailleurs ou faisant semblant de n'avoir pas entendu, s'écartèrent tout en scrutant leur montre. Quant à Cogny, surnommé « Coco la sirène » à la suite de ses déplacements en voiture, bruyamment annoncés par les sirènes des motards d'escorte, il se contenta de ricaner en haussant les épaules.

N'oublions pas le colonel Piroth, commandant l'artillerie du camp retranché, auquel on demande s'il ne désirait pas l'envoi de batteries supplémentaires, qui se mit à sourire de ce propos de néophyte, laissant entendre que si les Viêts se risquaient à tirer, ils seraient aussitôt écrasés par ses tirs de contre-batterie. C'était rassurant.

Et la presse ?

On est loin des communiqués claironnant des débuts de « Castor ». L'*Express*, porte-parole de la gauche mendésiste, cite : « *Les buts que l'on avait fixés à la nouvelle critique, dite "plan Navarre" n'ont pu être atteints* »(6 février).

Robert Guillain *(le Monde)*, après avoir souligné le but de fixation du camp retranché, corrige le tir maintenant en écrivant que « *Diên Biên Phu n'est plus qu'un abcès militaire. Il fixe des effectifs considérables, plus importants chez l'ennemi que chez nous, mais n'en laisse pas moins une marge de manoeuvre suffisante à l'adversaire pour lui permettre de traverser le Laos dans l'espoir d'enlever sa capitale.* »

Quelques jours plus tard, le 16 février, le même journaliste affirme : « *que le Viêt-minh avait installé ses pièces d'artillerie sous notre nez et pas sur la contre-pente, mais sur la pente de notre côté.* » (1)

Les postes du nord-est, photographiés par le Viêt-Minh. Ce sont sans doute les différents points d'appui de « Béatrice », tombés durant la nuit du 13 mars 1954.

Peu de monde ne songe à évoquer la bataille dite des communications, définissant les missions de bombardement de l'armée de l'air. Malgré les efforts de B-26 Invader ou des PB46Y2 Privateer de l'Aéronautique navale, rien ne semblait enrayer le mouvement quasi perpétuel des convois de camions Molotova ou des colonnes de ravitaillement, dotées de bicyclettes Peugeot, qui acheminaient tout ce que la Chine était disposée à livrer aux divisions formant le corps de bataille de Vô Nguyen Giap.

Quand les routes étaient coupées par des cratères plus ou moins profonds ou effondrées dans les précipices, des milliers de coolies, des « volontaires », ramassés dans les villages des environs, étaient amenés à pied d'œuvre et comme des fourmis, comblaient avec des sacs de terre ou des pierres ces obstacles ou même, parvenaient à dévier la route, sans réfléchir aux bombes à retardement, lâchées à proximité, qui risquaient d'exploser avant que des artificiers de fortune aient réussi à les neutraliser.

Ce samedi 13 mars...

D'après les photos aériennes 25 x 25, prises par les Bearcat de l'EROM-80, le PA « Béatrice » semble isolé au milieu d'une sorte de frange circulaire dentellée, les tranchées viêtminh.

Depuis plusieurs jours et particulièrement depuis le 10 mars, les corvées d'eau des légionnaires du III/13e DBLE, qui tiennent « Béatrice », se font aussitôt « al-

(1) « Diên Biên Phu, la fin d'une illusion » d'Alain Ruscio, Editions l'Harmattan, collection : Racines du présent (février 1987).

lumer » à une centaine de mètres du poste, à proximité du « chevelu », un mamelon situé au nord du PA. A chaque fois, il leur faut monter une opération de dégagement pour leur permettre de se replier.

Le 11 mars, le peloton de chars M-24 Shaffee de l'adjudant-chef Carette, est envoyé en renfort des légionnaires. L'accrochage va durer jusqu'à 17 heures. Etonnant des légionnaires en découvrant des blockhaus et des tranchées si proches des PA. On ne pouvait pas les voir, tellement ils étaient bien camouflés. Le lieutenant Bedeau, commandant la 7e compagnie, fut gravement blessé d'une balle tirée dans le dos, depuis un trou d'homme qu'il n'avait pas remarqué. Evacué sur Hanoi, il mourra quelques jours plus tard.

En fin d'après-midi, les Viêts déclenchent un tir d'artillerie visant les avions parqués sur les aires d'atterrissages. Jusque-là, ils se contentaient de tirer de façon sporadique, au 75 mm en divers points du camp retranché. En réalité, ces tirs servaient à des préréglages. Là, les coups se précisent, une troisième salve frappe de plein fouet un Fairchild C-119 Packet, le n° 546, bloqué temporairement à la suite d'un incident de moteur. Maintenant, il est définitivement HS (hors service). Tandis que les flammes s'emparent de la cellule, il s'effondre sur le nez tandis que la double queue, envelopée de fumée se dresse vers le ciel.

C'est la pièce du chef Tu qui, avec un lot de 30 obus, avait été désignée pour détruire cet objectif qui brillait tellement que ça pouvait passer pour de la provocation. Installée à environ 4 km de la piste, elle aurait pu poursuivre ses tirs, faire un carton sur les autres appareils, mais les ordres en étaient autrement.

OPÉRATIONS SUR GABRIELLE
les 12 et 13 mars 1954

626 ▲

633 ▲

☆ GABRIELLE
→ RECUEIL

524 ▲

★ EMBUSCADE

TRANCHÉE

BAN KHÉ PHAI

485

OPÉRATION DE
NETTOYAGE A L'OUEST
DE GABRIELLE
(13 MARS 54)

EMBUSCADE
VIET-MINH SUR
LA 2ᵉ COMPAGNIE
(12 MARS 54)

Nam Youm

RADIER

G.O.N.O. A 3700 m.

CÔTE 674

Du côté de « Gabrielle »

Pratiquement terminé depuis le 25 janvier, la PA, surnommé « le torpilleur » d'après sa silhouette, jusqu'à ce que « Gabrielle » lui soit officiellement attribué, avait déjà subi, dès le **13 janvier** des tirs de harcèlement au mortier. Aidés pendant plusieurs jours par des légionnaires du III/3ᵉ REI, les « Turcos » (tirailleurs) avaient aménagé une véritable forteresse, grâce à la végétation et les gros arbres qui recouvraient cette crête. Abattre, couper toute cette protection naturelle permettait, certes, d'installer une position stratégique, de récupérer la matière première pour les blockhaus et les abris, mais plus rien ne la protégeait des regards ennemis qui observaient depuis les crêtes environnantes, qui dominaient au nord, à l'est et au nord-ouest. La morale de cette histoire : « Une idée de cavalier. » Le commandant de Mecquenem avait, en application d'un adage « la sueur épargne le sang » dressé des plans de défense qui furent « corrigés » par les visiteurs stratèges du PC GONO.

Le capitaine Carré, adjudant-major, adjoint du chef de bataillon s'était chargé des plans de feux et de l'organisation du terrain.

Il avait prévu, suivant la logique, qu'une première ligne de défense soit aménagée en bas dans le but d'avoir les meilleurs champs de tir. Une deuxième ligne à mi-pente, le sommet et le centre devant être réservés au PC, aux services et à l'observatoire.

« Gabrielle » se retrouve, en fait, constituée d'une dorsale qui relie, de bout en bout, les 600 mètres de crêtes, puis deux autres lignes de défense parallèles, à flanc de colline, reliées par des boyaux de communication. Des blockhaus trapus flanquent les angles et la plate-forme centrale dont les embrasures sont armées de mitrailleuses et de FM qui battent de leurs feux une triple ceinture de barbelés, garnie de pièges éclairants, mais comme le rappellera Carré, il n'y avait pas de mines.

Toutes ces sorties qui aboutissaient à de violents accrochages prouvaient non seulement que les Viêts étaient là, tout près, mais encore qu'ils grignotaient le terrain jusqu'à s'approcher au plus près du PA.

Le **12**, en ratissant depuis la face sud-est de « Gabrielle », les « Turcos » se font surprendre à revers par des Bo Dois qui giclent hors des trous d'hommes qu'ils avaient recouverts de paille de riz. Leur but,

Ces Bo Dois cisaillent les barbelés pour pratiquer une ouverture suffisante pour les vagues d'assaut. Ceci est une reconstitution, car la plupart des attaques avaient lieu durant la nuit.

d'après leur manœuvre, est de faire un prisonnier et de le ramener avec eux, le repli étant couvert par un groupe qui se fera tuer sur place. Les Viêts, en prévision de l'attaque, voulaient certainement interroger le prisonnier et connaître les points sensibles de « Gabrielle ».

Le **13 mars**, les tirailleurs du V/7 sortent par le nord et s'apprêtent à remonter la piste Pavie qui longe le PA à l'ouest, jusqu'à hauteur de la cote 526.

Le but est d'aérer le nord et l'ouest. Accrochage d'abord à Ban Khé Phai d'où ils délogent les Viêts, mais les combats se prolongent, se dispersent jusqu'en début d'après-midi. Les Viêts sont bien enterrés et formidablement organisés. Les tirailleurs mettent en oeuvre cinq lance-flammes, mais sans grand résultat ; les Viêts ont du monde... L'opération aura eu, en dehors d'un tué et dix blessés, l'avantage de stopper la progression des tranchées ennemies. Ordre est donné de rentrer à « Gabrielle » ; il est aux environs de 17 heures...

A peine le dernier tirailleur a-t-il franchi le passage des chicanes qui se referme, que les premiers coups d'artillerie viêt tombent sur « Gabrielle »... mais c'est tout le camp retranché qui découvre la réalité avec une pluie de feu et d'acier. Ce n'était pas, comme les autres fois, un « tuyau crevé »... Le général Giap s'est décidé à attaquer et a mis les moyens avec une densité d'artillerie qu'aucun des stratèges avisés n'avait prévu. Ce matraquage non seulement surprend, mais sème une panique indescriptible au PC, qui semble bien repéré d'après la précision des tirs.

La division lourde 351 manifeste bruyamment sa présence, ayant réussi à hisser ses pièces sur les pentes boisées, en pleine vue sur la cuvette. C'est ainsi qu'elle aligne 18 canons de 75 mm, 20 mortiers de 120 mm, 24 canons de 105 mm, des mortiers de 81/82 mm et son régiment 367 de DCA s'apprête à entrer dans la danse avec 100 pièces de 12,7 mm et surtout 80 canons de 37 mm.

« Béatrice » disparaît

La journée semble se terminer plus tôt que d'habitude. Le temps couvert, la fumée qui recouvre le PA, les explosions qui résonnent dans toute la vallée, c'est l'enfer. Dans les abris, qui ne se sont pas encore effondrés, les hommes baissent la tête, semblent se replier sur eux-mêmes. D'où peuvent venir tous ces canons ?

Quant à l'artillerie du GONO, elle est dans l'impossibilité de réagir. Les alvéoles, que l'on avait bien aérées, afin de donner plus de battant aux pièces, sont autant de pièges pour les servants qui sont, soit tués ou blessés par des coups au but ; tout était préréglé.

Les communications ?... il n'y en a plus par téléphone, les lignes sont coupées. Il ne reste que la radio qui s'encombre très vite.

Toutefois, annonce est faite depuis « Béatrice » : « Le commandant Pégaux, commandant le III/13 et ses officiers-adjoints ont été tués dans leur abri. »

Dans son PC du GM 9, le lieutenant-colonel Gaucher tente de prendre contact avec le secteur-nord, c'est le vide. Soudain, un sifflement plus fort que les précédents... l'explosion, l'obscurité, la fumée et des râles... Gaucher, quand un de ses adjoints l'éclaire de sa lampe torche, est allongé parmi des tas de débris... il a les bras arrachés. Son ordonnance tente de le dégager... il meurt peu après.

Le lieutenant-colonel Langlais, n'ayant pu joindre ses chefs de bataillon paras, ses réserves, au téléphone, les appelle à la radio. Tourret (8ᵉ choc), « tout va bien », Guiraud (1ᵉʳ BEP) « prêt aux ordres »... juste au moment où il coupait le contact, une terrible explosion lui fait perdre conscience quelques instants. Il n'y a plus de lumière, mais il voit le ciel et des tas d'éclairs... il réalise que le toit de son abri s'est volatilisé. Juste au moment où son adjoint se redresse, un autre obus vient se ficher dans la paroi de terre ; il n'explose pas.

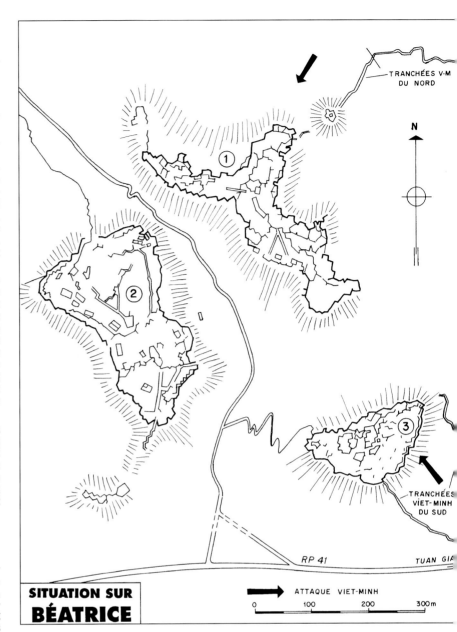

SITUATION SUR BÉATRICE

➡ ATTAQUE VIET-MINH

0 — 100 — 200 — 300 m

Langlais, tant bien que mal, comme ses adjoints, s'extirpe des gravats, couvert de terre et autres débris, mais indemne.

Soudain, un bruit de sonnerie étouffée résonne... Une lampe torche s'allume et, tout en râlant comme souvent, Langlais parvient à mettre la main sur le combiné ; c'est la ligne directe avec de Castries.

Le chef du GONO, après toute la casse dont il a été informé, cherche à réorganiser le dispositif : « Langlais, dit-il, Gaucher vient d'être tué, tu le remplaces immédiatement au commandement du sous-secteur-centre. Le commandement de tes réserves, tu le passes à Pazzis (2). »

D'après les renseignements qui lui sont transmis par radio, Langlais constate que, malgré le bombardement général, l'effort principal se porte sur « Béatrice ». Chacun des PA doit se défendre séparément, car les bataillons des régiments 141 et 209 de la division 312, commandée par le général Lê Trong Tan, ont réussi à les isoler, débulant en force des crêtes du nord-ouest, du nord et du nord-est. Les premières lignes de défense sont déjà disloquées par l'artillerie de Giap et Langlais demande alors à Piroth d'appliquer les tirs de barrage préréglés sur les réseaux de barbelés, mais le chef de l'artillerie, qui avait prévu des tirs de contre-batterie dès que les Viêts se manifesteraient, déclare forfait ; Langlais

(2) Le lieutenant-colonel de Seguins-Pazzis, qui sera le dernier chef d'état-major de Castries.

1. - Le char « Smolensk » dans son alvéole au PC GONO. Il sera endommagé le 15 mars. (Photo Willer.)

2. - Le char «Conti », debout dans la tourelle, le capitaine Hervouët et le maréchal des logis Willer. (Photo Willer.)

3. - Le char « Conti » avec le brigadier-chef Mouton et le chasseur Le Goff, tués dans la nuit du 8 et 9 avril. Au fond, le Fairchild C-119 Packet est en train de brûler. (Photo Willer.)

4. - Le char « Conti », au pied du C.R. « Béatrice » le 11 mars 1954. (Photo Willer.)

5. - Après l'attaque de « Béatrice », une trêve de quatre heures est « accordée » (personne ne dira par qui) pour ramasser les morts et les blessés de « Béatrice », le 14 mars 1954. (Photo Willer.)

6. - Mise en cercueil du maréchal des logis Guntz tué le 15 mars, lors de la contre-attaque pour reprendre le C.R. Gabrielle. Il a été enterré par son peloton au pied de l'alvéole de son char. (Photo Willer.)

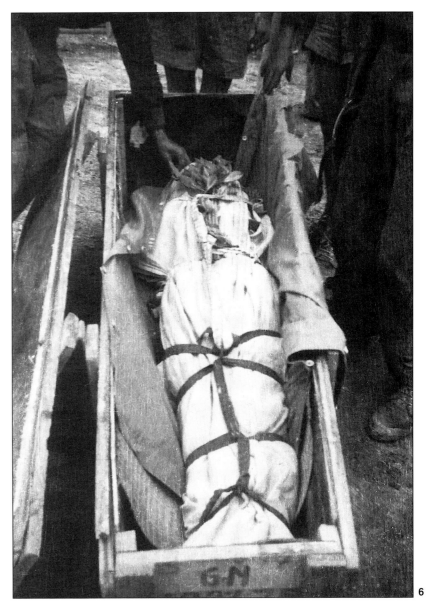

Fusil-mitrailleur 24-29 en soutien des Bo Dois partis à l'assaut de « Gabrielle » (14.3.54) que les Viêts appellent « Doc Lap » (indépendance). Reconstitution effectuée après la bataille. En arrière-plan, le PA « Béatrice » enlevé le 13 mars dans la nuit.

ne lui pardonnera pas. Les artilleurs, pris sous le matraquage, sont dans l'impossibilité de réagir. « Béatrice » doit se défendre seul.

Les équipages de Bo Dois armés de « bengalores » (3), poussent déjà leurs perches explosives dans les réseaux de barbelés qui n'ont pas été dévastés, mais les rafales d'armes automatiques des derniers blockhaus tenus par les légionnaires, ne leur laissent guère de temps de constater l'effet des explosions.

Après une préparation d'artillerie de deux heures, ce fut l'assaut. A minuit, malgré une défense héroïque des légionnaires, les PA 1 (9e Cie) et 3 (11e Cie), situés au nord-est, tombent aux mains des Viêts. A 2 heures, « Béatrice » 2 (10e Cie) et 4 (12e Cie et PC) sont submergés à leur tour.

(3) Long tube de bambous, bourré d'explosifs, mais doté d'un système de mise à feu artisanal ou de fortune, qui met en danger celui qui le fait exploser.

Le lieutenant Turpin, de la 9e compagnie, blessé et fait prisonnier sur « Béatrice » 3, s'est fait passer pour sergent. Un commissaire politique lui remet deux laisser-passer et un message destiné au colonel de Castries. Le contenu précise qu'une trêve est demandée, durant quatre heures, pour relever les tués et les blessés.

Accompagné de deux Bo Dois qui doivent le guider, il parvient à leur fausser compagnie et à emprunter un chemin qu'il connaît bien, à partir de la RP 41. Parvenu au petit jour, au pied de « Dominique », il pousse jusqu'à l'antenne chirurgicale. Le capitaine Noël, du 2e bureau, aussitôt prévenu, arrive et se fait remettre les messages.

En fin d'après-midi, Turpin aura la chance d'être évacué sur Hanoi, (à bord d'un NC-701 Siebiel), en même temps qu'un blessé africain et que la secrétaire particulière du colonel de Castries, Paule Bourgeade, de l'escadrille de liaison aérienne n° 53 (ELA 53).

« Béatrice », attaqué le 13 mars à 17 h 15. Le pilonnage d'artillerie vient de commencer. Les Viêts appelaient « Béatrice » Ban Him Lam.

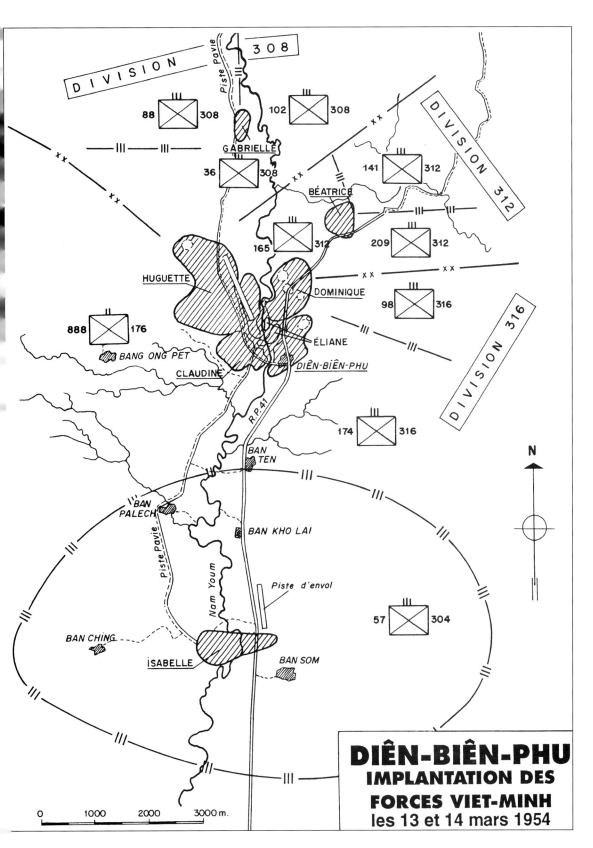

DIÊN-BIÊN-PHU
IMPLANTATION DES
FORCES VIET-MINH
les 13 et 14 mars 1954

es combats vus du ciel

.e **12 mars**, un message émanant du général commandant l'Air en Extrême-Orient, parvenait sur les
ableaux d'affichage des services-opérations aé-
iennes : « *La situation de Diên Biên Phu dépend de
'action aérienne de ce jour. J'admets risques excep-
ionnels.* »

.es pilotes et leurs équipages peuvent, à la suite
d'une telle lecture, se poser des questions. Cela
équivaudrait presqu'à « *Fini le temps des amateurs,
place aux professionnels !* » Que penser quand il
aut passer presque chaque jour, les uns derrière les
autres, à la verticale de la même dropping zone
DZ), à une hauteur constante de 450 mètres, main-

tenant le camp fixe à 350, à vitesse réduite, offerts
aux coups de la DCA avec des chances réduites de
pouvoir les esquiver.

Déjà au matin du **13 mars**, l'artillerie viêt a repris ses
tirs de harcèlement, concentrant ses tirs sur les parkings d'aviation. Les équipapes de piste s'efforcent
de camoufler les appareils derrière un rideau de fumée, mais en vain…

Deux C-47 du groupe « Béarn », *November Hotel* et
November Quebec, frappés de plein fouet, sont la
proie des flammes. Un sur la piste principale, l'autre
sur la piste sud, près d'Isabelle. les équipages du
capitaine Amanou et du lieutenant Cinquin s'en sortent indemnes.

Lors de la bataille des communications, l'armée de l'air pratique et entretient des brèches sur les routes utilisées par les convois de Molotova (camions livrés par les Chinois) et les colonnes de coolies. Ici, la brèche « Mercure » où l'on remarque de nombreux cratères de bombes. (DR.)

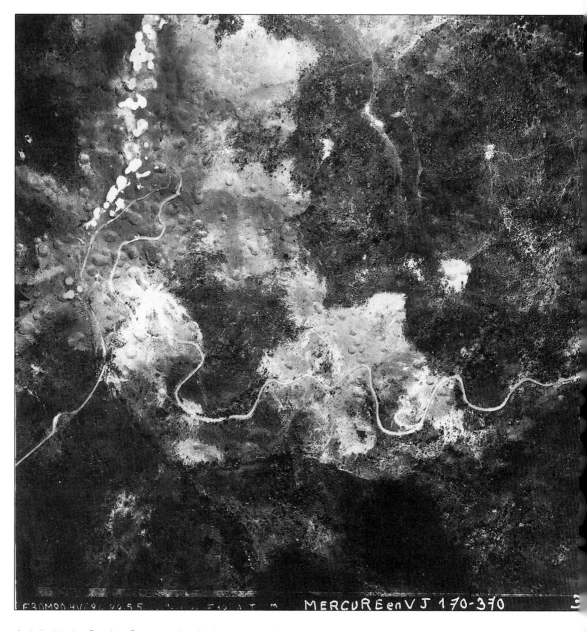

A 8 h 30, le Curtiss-Commando de la compagnie « Aigle-Azur », qui, depuis le 11 mars, bénéficiait d'un sursis, le voit résilié. Un projectile l'atteint, juste au moment où le mécanicien lançait les moteurs. Il n'a que le temps de sauter à terre.

A 11 heures, le capitaine Défendini, du GT 2/64 « Anjou », qui s'était rendu au PCIA du camp retranché, revient en courant vers son appareil que l'adjudant Boyer, resté seul à bord, vient de remettre en route. Les explosions se rapprochent dangereusement du « Dak » et Baoyer commence à rouler doucement, tandis que le reste de l'équipage pique un sprint pour arriver à hauteur de la porte et se hisser à bord. Equipage au complet, Défendini pousse les moteurs et le G-47 décolle, criblé d'éclats. Peut-on considérer ceci comme « risques exceptionnels » ?

Un autre équipage de « l'Anjou », celui du capitaine Jeanson, attend encore dans une tranchée, comptant la fréquence des salves, puis, au signal du chef, tous bondissent à bord. Les moteurs, encore chauds, démarrent aussitôt et, évitant les impacts des salves, Jeanson arrache son appareil et prend de l'altitude.

Pendant ce temps, les C-119 Packet, arrivés au-dessus de la cuvette, tentent de parachuter leur frêt. La DCA les prend aussitôt à partie. Les cinq appareils pilotés par des équipages mixtes (franco-américains) remplissent leur mission, mais les autres exclusivement américains, provenant de la CAT *(Civil Air Transport)* et pilotant les n° 137 et 581, déclarent forfait et rentrent à Cat-Bi. Un autre Américain, un

peu plus tard, assure sa mission ; il est atteint par des éclats. A Cat-Bi, les Américains estiment qu'ils ont été trompés, que les conditions d'engagement ne sont plus les mêmes ; ils refusent de repartir. Pourtant, ils sont payés trente-cinq dollars/heure avec soixante heures par mois garanties. Quant aux Français, ils se contentent de leur solde, perçue à « terme échu »…

A 15 h 30, un Bearcat est abattu et s'écrase derrière « Béatrice ». Dès le début de l'attaque, tous les moyens aériens disponibles sont « mis à l'appel » de « Toricelli » (Indicatif du GATAC-Nord à Hanoi).

Les flottilles du porte-avions *Arromanches* « Savart » (11-F) et « Ganga » (3-F) sont envoyées sur « Diên » où ils demandent les ordres de « Torri Rouge », indicatif du PCIA (poste de contrôle des interventions aériennes) du camp retranché, qui leur désigne les objectifs à traiter. Ceux-ci sont marqués par des fumigènes, tirés par l'artillerie du GONO. C'est ainsi que « Savart Rouge », comprenant les lieutenants de vaisseau Doe de Maindreville et Villedieu de Torcy, doit bombarder un emplacement de DCA, situé dans le 045 du terrain. Mais, au fur et à mesure des bombardements, les liaisons radio se dégradent. Les deux Hellcat larguent chacun deux bombes de 500 livres, malgré la densité de la DCA qui surprend quand même les pilotes.

« Savart vert » et « Savart jaune » prennent la suite mais n'ayant aucun ordre de « Torri rouge », ils ignorent que les grandes antennes ont été détruites par le pilonnage qui continue, les deux patrouilles vont traiter le même objectif que « Savart rouge ». Mission terminée, les Hellcat rentrent à Cat Bi.

Le temps est franchement mauvais, ciel bouché et la nuit tombe. L'approche sur Haiphong est difficile. L'encombrement des fréquences gêne d'autant plus que les pilotes n'ignorent pas qu'il y a du monde dans l'air, noyé dans les nuages et, plus grave, sur les mêmes axes de navigation.

L'Arromanches, qui navigue au large des îles Norways, est en plein dans la crasse. Le capitaine de vaisseau Patou, « pacha » du PA, conscient du problème d'autonomie de ses avions et des difficultés de rallier son bâtiment, donne l'ordre aux avions de se poser à Cat-Bi. Il ignore que là-bas, c'est la pagaille noire. Vingt avions au moins sont dans le circuit, les réservoirs presque vides, tandis qu'un vieil adjudant, servant le gonio, tente de les prendre « en mains ».

Plusieurs avions, dans l'espoir de retrouver la piste, passent à basse altitude au-dessus d'Haiphong, cherchant à se repérer sur les éclairages urbains qu'ils connaissent. Un Packet, mal présenté, remet les gaz. Un autre, après plusieurs redressements de cap, se pose après une magnifique « baïonnette », digne d'un pilote de chasse.

Quant à Torcy et Maindreville, ils se sont déroutés au-dessus de la baie d'Along, volant entre les îlots dont certains sommets sont avalés par les nuages. Maindreville tente sa chance, en virant brusquement sur la gauche. Torcy le perd de vue. Quelques instants plus tard, alors qu'il perce sur Cat Bi, il appelle son équipier à la radio… pas de réponse. Une fois posé, il constate que ses réservoirs ne contiennent plus que vingt litres.

Un « Privateer » se pose en catastrophe. Deux B-26 se télescopent et s'écrasent au sol. Les débris de l'avion de Maindreville, le 11F-23, sont retrouvés le lendemain, éparpillés près du sommet de l'île des Merveilles, en baie d'Along.

Cette journée du 13 mars est un mauvais présage pour la suite des événements…

La triste fin de « Gabrielle »

Si « Béatrice » a subi les assauts répétés des Viêts qui l'ont submergée, « Gabrielle » a été suffisamment « arrosée » par les mortiers pour avoir plusieurs blockhaus endommagés et une vingtaine de tués et de blessés dont, parmi ces derniers, le médecin-lieutenant Deschemotte, arrivé la veille sur « Gabrielle », en remplacement du médecin-lieutenant Chauveau, blessé par éclats lors d'une opération de dégagement au nord-est.

Ce matin, sous une pluie pénétrante dans le petit matin blême, les tirailleurs, transis, tentent de réparer au mieux les dégâts de la nuit, tandis que les Viêts, qui ont encore poussé leurs tranchées au nord-est de « Gabrielle », s'installent, sans aucune gêne, sur la cote 674, notamment un PC dont on remarque les antennes.

Le commandant de Mecquenem réclame un autre médecin au PC, mais en vain. Vraisemblablement, les « grands chefs » ont d'autres urgences. Néanmoins, vers 15 heures, le 2e bureau informe Mecquenem que « Gabrielle » sera certainement l'objectif de la nuit prochaine.

Assisté à Kah, Mecquenem donne ses consignes : repas servi à 17 heures, complément des munitions 4 unités de feu, installation d'un PC de remplacement dans la popote officiers ; tout le monde devra être en place à 7 h 30, aux emplacements de combat.

A 17 heures, Mecquenem demande à l'artillerie du GONO, d'appliquer un tir de 155 mm sur la cote 674, tandis que Kah réclame auprès de l'aviation, une mission « luciole », le largage de bombes éclairantes, toutes les quatre minutes, par un C-47, porteur de 60 bombes assurant 4 heures d'éclairage.

Au PC GONO, la tour de contrôle et le gonio ont été mis hors d'usage. La piste d'aviation est jalonnée de

cratères, les plaques perforées (PSP) sont tordues, retournées par les explosions. Deux Bearcat ont été détruits dans leur alvéole.

Les antennes chirurgicales et les infirmeries de bataillon sont littéralement débordées. Au PC, le médecin-commandant Grauwin réclame d'urgence à Hanoi, dix litres de sang, plusieurs millions de pénicilline et de la « strepto »…

Le même jour, à 14 h 45, les C-47 larguent, en 43 rotations, le 5e bataillon de parachutistes viêtnamiens (5e BPVN ou « Bawouan »), du capitaine Botella, qui arrive au sol au milieu des explosions, sur les anciennes DZ de « Castor ».

Castries aurait besoin d'autres renforts mais, avant d'être à court, il réclame des munitions, car la nuit de « Béatrice », a fait dépenser 6 000 coups de 105 mm et il n'en reste que 20 000.

D'autre part, il lui faut réorganiser le PC, le colonel Keller, son chef d'état-major a « craqué ». Il reste prostré, casqué dans son abri. Il aura la chance d'être évacué sur Hanoi, officiellement « sans avoir démérité »…

Quant au colonel Piroth, chef de l'artillerie, il subit les contre-coups des reproches qu'on lui fait. Langlais, en termes acerbes, lui rappelle la mort de Gaucher, lui-même, après la mort de ses servants, se rend compte de la faiblesse de ses moyens. D'autant plus que la trêve de quatre heures est terminée et que les canons de Giap ont repris leurs tirs.

Entre-temps, faute de médecin, « Gabrielle » voit débarquer le sergent-chef Soldati, un infirmier de la légion. Bénéficiant d'une solide expérience, il ne perd pas de temps et réorganise aussitôt son infirmerie.

A 18 heures, un roulement de tonnerre, suivi d'explosions et de vibrations assez fortes du sol, confirme les prévisions d'attaque. Giap a entamé sa préparation avec deux batteries d'artillerie et plusieurs mortiers lourds, qui sont facilement repérables sur les crêtes du nord.

Les compagnies du V/7 RTA signalent au PC, la cadence des tirs. Cela varie de 15 à 20 coups/minute, ainsi que les dégâts et pertes. Les « Turcos », peinent à cause de la poussière, des odeurs fortes de brûlé et de poudre, des éclatements qui martyrisent les tympans, mais ils restent à leur poste sans faillir.

Vers 19 h 45, avec la nuit qui tombe, Giap augmente sa puissance de feu, non seulement avec des mortiers, les canons san recul et les mitrailleuses lourdes, installés en base de feux, mais également les 37 mm de DCA qui, temporairement, abandonnent les objectifs aériens, pour d'autres, en soutien d'infanterie.

A 20 heures, les positions du nord (1re et 4e compagnies) signalent au PC que, malgré la fumée épaisse, ils aperçoivent les vagues d'assaut viêts. Le pilonnage d'artillerie détruit, l'un après l'autre, tous les blockhaus de la 4e compagnie. Un peu plus tard, un obus pulvérise le PC de cette compagnie.

C'est la division 308, unité d'élite, que le général Vô Nguyen Giap vient d'engager contre « Gabrielle », soit environ 12 000 hommes, qui ont déjà fait leurs preuves lors de précédentes offensives, sous les ordres du colonel Vuong Thua Tu. Pour motiver l'assaut de ses hommes, il a rebaptisé « Gabrielle » à la viêtnamienne, « Doc Lap » (indépendance).

Deux régiments sont lancés à l'attaque, les TD 88 et 102, le TD 36 reste en réserve. Les équipes de bengalores parviennent au ras des premiers réseaux de barbelés, sous lesquels ils glissent leurs bambous explosifs. Dès l'explosion, les Bo Dois foncent dans la brèche et se regroupent, marchant au coude-à-coude, et criant « Doc Lap », « Doc Lap ». Apparemment, ils sont certains des effets de leur artillerie, que les tirailleurs ont été écrasés dans leurs abris.

Au-dessus, un Dakota-luciole tourne inlassablement, larguant ses bombes qui éclairent, de leur lumière verdâtre, cette masse humaine qui ignore que la mort les attend.

1. - Le capitaine de vaisseau Patou, commandant le PA Arromanches, pris lors de la nuit du 1er janvier 1954.

2. - Le lieutenant de vaisseau Doe de Maindreville, de la 11e flottille qui, au retour de la première attaque viêt sur Diên Biên Phu le 13 mars 1954, se tuera sur l'île des Merveilles en baie d'Along.

3. - Le 9 avril 1954. Le second maître pilote Goizet, atteint au plan gauche par un obus de 37 mm, revient quand même à la base. Salué par ses copains, de gauche à droite, Violot-Goizet (sur les épaules), Lucas (pilote d'hélicoptère), Lichty, Camberey et Michon. (Photo Colonge.)

4. - En pontée, les Helldiver et les Hellcat, du groupe aérien du porte-avions Arromanches, qui navigue au large des îles Norways. (Photo Colonge.)

5. - Les Hellcat de la 11e flottille basés à Cat Bi (Haiphong) pour éviter de retourner à bord du porte-avions Arromanches, à limite d'autonomie.(ECPA)

6. - Les pilotes de la 3e flottille avant le décollage vers Diên Biên Phu. De gauche à droite : « Nunu » Mignot, le L.V. de Lestapis, Bouvet et L.V. Bellone. (ECPA)

Vers Lai Chau

« Gabrielle »

Nord

Piste Pavie

« Béatrice »

rivière Nam Youn

H G

Piste d'aviation

épave Dakota

RP 41

PC

Vue aérienne prise début avril. Les taches blanches à l'est sont les cratères de bombes.

De toutes façons, les tirailleurs ont reçu des consignes très strictes, de ne tirer qu'au dernier moment, à voir le « blanc des yeux » de l'ennemi. Ils attendent là, le creux à l'estomac, la sueur perlant sur le visage, l'index crispé sur la détente et, brusquement, le bruit rageur des rafales d'armes automatiques, ponctuées des explosions de grenades, libère les nerfs des défenseurs de « Gabrielle », creusant des sillons sanglants dans cette marée humaine dont les premiers rangs commencent à l'éclaircir. Les Bo Dois des vagues suivantes comblent les vides.

L'artillerie du GONO, par ses tirs de contre-préparation, augmente considérablement les pertes de l'ennemi, la concentration des salves s'étendant depuis le pied de « Gabrielle » jusqu'à mi-pente.

D'après les comptes rendus arrivant au PC de Mecquenem, les positions du nord sont en difficulté, subissant les assauts les plus violents. Les groupes d'intervention et les équipes de lance-flammes sont aussitôt dépêchées en soutien. La manœuvre réus-

sit à rétablir un certain équilibre de la défense. A lueur des « lucioles » ; parfois occultée par la fumé et la poussière, les « Turcos » parviennent à distir guer tous les cadavres mutilés, grillés qui, entassé enchevêtrés, gênent la progression des assaillant Il est évident que les Viêts ne maîtrisent pas la situ tion, qu'ils progressent, puis reculent, comme ma qués par le flux et le reflux. Ce sera ainsi jusqu 2 h 30, lorsque les canons viêts vont s'arrêter net qu'un certain ralentissement des assauts soit perçu

En réalité, la 308, trop éprouvée, a reçu l'ordre de s replier. Après plus de six heures de combat, Me quenem, comme ses commandants de compagni est conscient que ce n'est qu'un sursis et qu'il fa se préparer à la deuxième manche. Le capitair Carré fait l'inspection rapide de la position. Le ra port qu'il fait montre que « Gabrielle » a bien résist que les pertes sont légères aux 2e et 3e compagnie qui tiennent les emplacements du sud, sensibles à 1re, assez lourdes à la 4e. Mais il n'y a plus de r serves. Deux mortiers de 81 mm ont été détruits.

Suite et fin…

Le temps mort ne dure qu'une heure. Giap a accusé le coup des pertes de la 308, mais il ne veut surtout pas perdre la face avec « Doc Lap ». Pour mettre tous les atouts de son côté, il décide d'engager la division 312, une autre unité d'élite qui a enlevé « Béatrice », la nuit dernière, et même si les régiments TD 141 et 209 ont essuyé des pertes sensibles, ils ont encore assez de battant pour repartir. En outre, le TD 165, resté en réserve, est intact. La 312 peut ainsi aligner environ 10 000 hommes.

L'ouverture de la deuxième manche a lieu à 3 h 30, avec une artillerie nettement renforcée, appliquant des tirs à cadence rapide, en utilisant, détail plus grave pour « Gabrielle », des obus à retard. Ils seront la perte d'« Isabelle »…

Après la destruction de tous les mortiers, des blockhaus, de l'effondrement des tranchées, la défense prend un tournant critique, malgré l'appui, au plus près, de l'artillerie du GONO, qui se révèle plus efficace que la veille.

À 4 h 30, un obus à retard, puis un second, détruisent totalement le PC de bataillon. Le commandant Kah est affreusement mutilé ; une jambe arrachée. Mecquenem est blessé, ainsi que tous les autres officiers. Le sergent-chef infirmier Soldati, n'ira pas plus loin, un obus va pulvériser l'infirmerie et tuer l'officiant.

Le PC secondaire, sans moyens radio, ne peut assurer la relève de commandement et c'est le capitaine Gendre (3ᵉ Cie) qui doit se charger des liaisons avec le GONO. D'ailleurs, Castries lui annonce qu'une contre-attaque se prépare et va démarrer au petit jour. Le tout est de pouvoir tenir jusque-là.

Les Bo Dois de la 312 ont repris les mêmes axes d'attaque, par le nord-est, et l'arrivée massive des assaillants qui se répandent progressivement vers l'ouest et le centre qu'ils atteignent à 8 h 00, obligent Gendre, sur la demande de Moreau (4ᵉ Cie), de faire tirer carrément l'artillerie de Piroth, sur la corne nord-est, sa propre position, où la pression est la plus forte. Les salves, bien placées, pulvérisent les tranchées et les Viêts et stoppent l'assaut, momentanément.

Les tirailleurs espéraient la contre-attaque et c'est le TD 165 qui dévale les côtes bordant « Gabrielle », qui n'a guère de chance de tenir contre ces troupes fraîches.

Stratèges sans stratégie…

La contre-attaque ? Elle sera manquée par indécision et des contre-temps. Langlais avait pourtant prévu des exercices avec les paras et les blindés, manœuvrant dans un cas de contre-attaque. Rien, dans celle qui se prépare, ne rappelle ces conditions.

Langlais ne veut pas lâcher ses paras du 1ᵉʳ BEP et du 8ᵉ Choc, pourtant ils étaient les plus proches de l'action en cours. Après des « coups de gueule », il désigne le 5ᵉ « Bawouan », arrivé la veille, qui a été matraqué toute la nuit au mortier, subissant des pertes sensibles. Inconvénient majeur, le bataillon est basé sur « Eliane » 4, situé au sud-est. Les paras viêtnamiens ont du chemin à faire avant de se retrouver sur les bases de départ et d'autant plus qu'ils ne connaissent pas le trajet à suivre, ni les chicanes d'accès à la piste Pavie. Deux guides ont été désignés… ils ne les verront jamais.

Confusions à répétition qui ne peuvent mener qu'à l'erreur. Le commandant de Seguins-Pazzis, que beaucoup jugent en tant que brillant tacticien d'état-major, devant des cartes, s'est malgré tout, permis de s'opposer à Langlais, furibard, qui acceptera de lâcher deux compagnies du BEP (Martin et Domigo), leur chef, le commandant Guiraud exige de les accompagner. On peut déduire, en synthèse, que le commandement du GONO, par peur de dégarnir la position centrale, ne s'est pas donné les moyens suffisants pour sauver « Gabrielle ».

Lorsque la contre-attaque démarre, le jour est levé et les artilleurs du Giap les prennent aussitôt dans leurs appareils de visée.

Fait étonnant, les effectifs de cette contre-attaque ne représentent que la moitié prévue à l'exercice…

Au nord de la piste d'aviation, il est un passage obligé, le radier et les Viêts l'ont naturellement prévu, en concentrant leurs tirs sur ce point, ensuite, il y a deux kilomètres de billard.

Giap a également mis en place un bataillon de sa 312, au village de Ban Khé Phai, qui barre l'accès au radier et à la rizière entourant « Gabrielle ». Les trois chars, aux ordres du capitaine Hervouët, canonnent aussitôt Ban-Khé-Phai, entraînant la compagnie Martin, tandis que les légionnaires de Domigo fixent les Viêts qui tentent de réagir. Mais la manœuvre n'a pas échappé aux Viêts qui occupent déjà une grande partie de « Gabrielle», ils demandent l'appui de leur artillerie. Devant le pilonnage, Guiraud réclame des renforts, le PC GONO répond : *« Récupérez les compagnies restant sur "Gabrielle". »*

Cette réponse de Castries va être à la source d'une autre confusion, combien plus grave que les précédentes. Gendre qui a entendu, fait aussitôt dégager ses hommes vers le sud. Botella (2ᵉ Cie) voyant la 3ᵉ quitter sa position, en parle à Carré ; il n'y a plus lieu de rester. Pourtant, Botella interpelle le PC GONO, demandant que les chars grimpent sur le PA et ainsi, on pourra reprendre « Gabrielle ». Réponse du PC : *« On ne peut plus rien pour vous, sauve qui peut ! »*

Le repli, avec l'imbrication des tirailleurs et des Viêts qui s'affrontent par petits groupes, sinon individuellement, s'avère difficile ; encore des pertes.

Pendant ce temps, malgré la pluie d'obus Viêts, les blindés et les légionnaires sont arrivés à 400 m de « Gabrielle », en attente des rescapés. Le char « Smolensk » est atteint par un obus qui l'endommage sérieusement ; le maréchal-des-logis Guntz est tué.

L'opération de recueil permet de ramener 150 rescapés, la plupart de la 2ᵉ compagnie, d'autres de la 3ᵉ, à valeur de deux sections, un petit groupe de la compagnie de commandement et quelques légionnaires de la section de mortiers de 120 mm, avec leur chef, le lieutenant Clerget, blessé.

Si « Gabrielle », officiellement, est tombé à 9 heures, des nids de résistance continueront à repousser les Viêts. A la 1ʳᵉ compagnie où le capitaine Narbey sera tué, à la 3ᵉ, la section Monneau et surtout, le blockhaus n° 3 où le tirailleur El Naze, d'après des témoins dignes de foi, va tenir à limite de ses chargeurs jusqu'à 13 heures.

Tous les blessés vont être évacués sur Hanoï, les 15 et 16 mars. Les autres, avec le capitaine Carré, Gendre et Botella en tant qu'adjoints, sont envoyés sans délais à la disposition du lieutenant-colonel Lalande, commandant le GM 6 et le centre de résistance « Isabelle ». C'est ainsi que du plus au nord, les rescapés du V/7 RTA se retrouvent les plus au sud. Le bilan de la casse . 658 manquants (483 sont morts - 175 disparus, la plupart prisonniers). Environ 120 tirailleurs et légionnaires se sont retrouvés sur « Isabelle ».

Désormais, avec la perte de « Béatrice » et de « Gabrielle », la piste d'aviation est directement offerte aux coups de la DCA. Son axe l'obligeant à passer à la verticale de « Gabrielle » où les Viêts ne tardent pas à placer des armes de DCA.

Au PC GONO, accablé par les mots acerbes de Langlais qui lui rappelle la mort de Gaucher, conscient d'avoir sous-estimé les moyens d'artillerie de Giap et la réception d'un « mauvais courrier », le colonel Piroth ne se sent plus digne de vivre. Il empoigne de sa main valide, une grenade défensive qu'il dégoupille sur sa poitrine. Officiellement, il sera tué, par un coup au but sur son abri. Pour sa mémoire et d'après tous ceux qui l'ont connu, c'était un « type bien », très près de ses hommes. Qui, à Diên Biên Phu n'a pas commis d'erreur, sans se croire obligé de payer ?

Jusqu'au bout des réservoirs

En ce début d'après-midi du **14 mars**, quelques obus tombent aux abords de la piste d'aviation où, depuis le 11, plusieurs appareils ont été détruits. Le sergent-chef de Somow et le sergent Barteau, pilotes de Bearcat du GC 1/8 « Saintonge », qui sont d'alerte, empoignent leurs parachutes et sautent dans le véhicule 4/4, conduit par l'adjudant-armurier Bedeix, chargé de les conduire jusqu'aux avions.

Un peu partout, mais moins intensément que durant la nuit, les obus tombent sur le camp retranché. Barteau, qui a le casque sur les oreilles, n'entend presque rien, mais se rend compte en voyant les explosions et les nuages de poussière.

En grimpant à bord de son Bearcat, il aperçoit un Viêtnamien blessé, allongé dans les barbelés. Les explosions qui se rapprochent, ne lui laissent pas le temps de s'en occuper. Moteur lancé, point fixe presque bâclé, il se voit encadré par les coups de l'artillerie. Les Viêts les ont repérés. Les deux pilotes s'alignent et mettant les gaz plein pot, n'étant qu'à mi-piste, les deux pilotes s'arrachent... il était temps, car plusieurs explosions soulèvent les plaques à l'endroit qu'ils viennent de quitter.

La mission qu'ils reçoivent en vol du PCIA, « Torri Rouge », est de « napalmer » les environs de « Gabrielle », il y a du monde qui se regroupe sur les côtes dominantes. Leur mission terminée, « Torri Rouge » les informe, de façon laconique, de ne pas se reposer à « Diên », il vaut mieux d'ailleurs, mais de rallier Xieng-Khouang, au Laos. C'est quand même à 220 kilomètres, et s'ils ont des cartes de la cuvette de Diên Biên Phu, ils n'ont rien pour se guider vers le Laos.

Après 45 minutes de vol, Somow signale « *cap au-dessus d'un 4/8 de So de nuages* »... les nuages s'accumulent et ils sont... on ne sait où.

Deux F8F Bearcat en vol vers Xieng-Khouang.

La tour prend garde

A Vientiane, au Laos, le lieutenant de vaisseau Babot, « pacha » de la 89, armée de bimoteurs amphibies JRF-5 Grumman-Goose, vient de se poser et roule jusqu'au pied de la tour où est déjà parqué un C-47. La tour, est un bien grand mot pour désigner l'ensemble branlant, doté malgré tout d'un poste radio.

Moteurs coupés, Babot monte à la tour et aperçoit, assis sur le plancher en train de se faire ventiler avec des pankas, par deux mignonnes indigènes, son vieux copain, le « baron », capitaine pilote Guillaume de Fontanges, dont la carrière est déjà toute une légende.

En petite tenue, avec quelques bières, il assure une vieille radio et « commande » l'aéroport. A l'écoute de la VHF, il est là au cas où on lui demanderait une mission avec son « Dak ».

Après les banalités d'usage entre les deux pilotes, le « baron » fait signe à Babot de se taire.

– « *Ecoutes*, dit-il, *il y a des gars qui appellent leur mère. Deux Bearcat en provenance de Diên Biên Phu, sont apparemment paumés et "short" en essence*

– *Demandes leur cap,* coupe Babot, *et leur position.*

– *Ils sont cap plein sud et cherchent à se repérer en suivant le Mékong. Ce sont des jeunes. Ces Bearcat, ça n'a pas d'autonomie, il faut les récupérer en vitesse.*

– *Dis-leur d'émettre en HF et d'écouter en VHF, je vais me les prendre avec mon Goose et les "gonioter" comme si moi, je servais de radio-compas. Je leur donnerai des caps inversés de 180°, comme cela je vais me les tirer à moi. Je vais d'abord pousser mon avion en bout de piste.* »

Sitôt en place, Babot, met en fonction et patiemment se récupère les deux « couchers » en détresse. Ces derniers, arrivés à la verticale et pour saluer leurs sauveurs, font un passage à raser le Goose et la tour, puis se présentent à l'atterrissage. Le premier se pose « dur » et fait éclater un pneu... plus d'essence ! Le deuxième touche sans incident, mais à peine a-t-il roulé quelques dizaines de mètres que le moteur toussote et s'arrête. Plus d'essence non plus. Précisons que Vientiane est à 380 kilomètres de « Diên ».

Après avoir remercié leurs deux anciens, les rescapés se mettent en quête d'essence et d'un logement. Ils n'ont que leur combinaison de vol et un slip, leurs chaussures, mais heureusement, ils ont leur paie en poche.

Décidés à décompresser, Barteau et Somow décident de se rendre au restaurant et malgré la « particularité » de leur tenue, leur choix s'arrête sur un établissement chic de Vientiane, fréquentée par des officiers en tenue de gala, des femmes élégantes ; le « dessus du panier ».

Etonnement de l'assistance quand nos deux héros se pointent dans l'entrée, sans étonner le maître d'hôtel autochtone venu les prendre en charge. Il est amusant de signaler que Somow a un accroc à l'arrière de sa combinaison qui laisse voir ses fesses.

Pour décontracter l'atmosphère, la « maison » leur offre un Bisquit, très apprécié, et quelques clients, offusqués au début, s'approchent et entament la discussion. C'est ainsi qu'ils apprennent ce qui se passe à Diên Biên Phu... ils ne doivent pas tellement suivre ce qui se passe ailleurs qu'au Laos.

Le lendemain, les deux Bearcat décollent pour Xieng-Khouang, où ils arrivent après 35 minutes de vol. Pendant huit jours, sous les ordres du commandant Pierrot, ils vont assurer des missions sur Diên Biên Phu, avec d'autres copains venus d'Haiphong. C'est au cours d'un de ces vols que Barteau verra tomber son ami Sahraoui.

Une part de rêve...

1. - En baie d'Along, une jonque, armée par des supplétifs, aborde le tender-d'aviation *Robert-Giraud*. (Photo FOC.)

2. - La célèbre baie d'Along, au Tonkin, qui a toujours autant d'attrait pour ceux qui la connaissent, que pour d'autres qui la découvrent, impressionnés par cette multitude d'îlots rocheux dont la couleur varie avec le temps et les saisons. (Photo FOC.)

3. - En remontant la rivière de Saigon, la vision de ces pêcheurs remontant leurs filets, offre une ambiance de paix au nouveaux arrivants.

4. - Vision typique sur la rivière d'Haiphong. Sampans, jonques, pontons, autobus fluvial, qui s'entassent auprès des appontements de fortune. (Photo FOC.)

1

2

3

4

1

2

3

4

1. - 10ᵉ Régiment d'Artillerie Coloniale dont il y avait le 3ᵉ groupe.

2. - 1ᵉʳ Groupe Antiaérien d'Artillerie Coloniale d'Extrême-Orient.

3. - 4ᵉ Régiment d'Artillerie Coloniale.

4. - 23ᵉ Groupe d'observation d'artillerie.

5. - 1ᵉʳ Groupe Aérien d'observation d'artillerie.

6. - 2ᵉ Bataillon de marche du 1ᵉʳ Régiment de Tirailleurs Algériens sur le centre de résistance « Isabelle ».

5

6

7

8

9

7. - 1er Bataillon de marche du 4e Régiment de Tirailleurs Marocains. Il disparaîtra à Diên Biên Phu sur les « Elianes ».

8. - Bataillon de marche du 3e Régiment de Tirailleurs Algériens dont la 12e compagnie a été détachée à Diên Biên Phu.

9. - 5e bataillon de marche du 7e Régiment de Tirailleurs Algériens. Il tiendra le centre de résistance « Gabrielle », puis les survivants, le 15 mars 1954 rallieront « Isabelle ».

10. - 2e Tabor marocain.

10

1

2

3

SERVICES

1. - Détachement africain créé le 27 janvier 1951, rattaché à la zone autonome Nord-Ouest (Z.A.N.O.), puis au groupement opérationnel du nord-ouest (G.O.-N.O.) à Diên Biên Phu.

2. - 703e Cie de ravitaillement. Détachement du service des essences aux armées.

3. - 3e compagnie de transport de QG.

4. - 403e boîte postale militaire. Détachement de poste aux armées.

5. - 1er groupe d'exploitation opérationnel Service de l'intendance en Extrême-Orient.

4

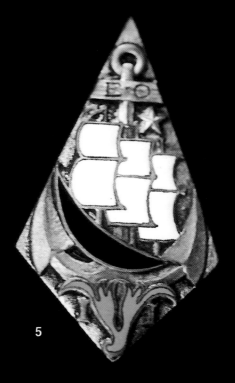

5

6

7

10

6. - Détachement de la 3ᵉ Légion de marche de la Garde républicaine et de la gendarmerie mobile. Prévoté de Diên Biên Phu.

7. - 3ᵉ compagnie de munitions (détachement).

8. - 712ᵉ compagnie de circulation routière (train).

9. - 1ʳᵉ compagnie du 21ᵉ Régiment de Transmission.

10. - 31ᵉ bataillon du Génie dont il y avait les 2ᵉ et 3ᵉ compagnies.

11. - 1ᵉʳ Régiment de Chasseurs à Cheval dont le 3ᵉ escadron a détaché 2 pelotons.

12. - 610ᵉ commando.

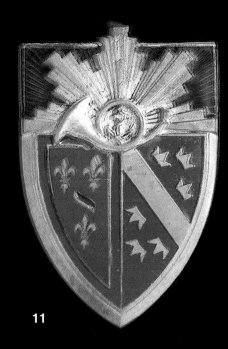

11

8

9

12

1. - L'heure des couleurs du PC du camp retranché. (Rondy.)

2. - Des légionnaires, soutenus par un char M-24 Shaffee ont remonté la piste vers le nord. Ils n'iront pas loin, car les Viêts leur barrent la route et les refoulent avec des pertes. (Rondy.)

4. - Un S-55 s'est posé pour une évacuation sanitaire. Rondy, le « toubib » du 1ᵉʳ BEP tient à hisser lui-même la civière où se trouve Temetscheff, un de ses légionnaires.

5. - Un C-47 *Dakota* va survoler le GONO.Un parmi tant d'autres.

3. - Les légionnaires du 1ᵉʳ BEP en reconnaissance au nord de la « cuvette ». Les servants d'une mitrailleuse de 30" aménagent un emplacement de feu. (Rondy.)

3. - Le lieutenant médecin Rondy, prend un peu l'air en rédigeant son cahier de visite. (Rondy.)

1. - Une halte permet aux légionnaires de mettre en œuvre un poste C-9 dont on voit une partie à droite, avec une des manivelles. Sur le haut de la crête, il est plus facile de communiquer. Au fond, les officiers : « Loulou Martin, le « Cab ». (Rondy.)

2. - Cabiro, capitaine commandant la 4e Compagnie du 1er BEP, monté avec ses hommes sur le Pu San, observe les environs à la jumelle. Les Viêts sont bien là, mais difficiles à découvrir. (Rondy.)

4. - Mercredi 10 mars 1954. Le Fairchild C-119 Packet n° 546, piloté par le lieutenant Magnat, a des incidents de moteur. Obligé de passer l'hélice en drapeau, alors qu'il est chargé de 6 tonnes d'essence au profit du GONO, le chef de bord décide de larguer sa cargaison sur la jungle. C'est le seul moyen de pouvoir passer les dernières hauteurs bordant le camp retranché à l'est. Le lendemain après-midi, les tirs Viêts se déchaînent sur la piste d'atterrissage et le 546, d'abord épargné, est atteint de plein fouet et prend feu. Quelques instants plus tard, il s'effondre le nez contre terre et son double empennage en l'air.

5. - Mise en place d'un tir d'artillerie Viêt sur le réduit central. Il n'était pas prévu que les Viêts avaient autant de pièces. (Rondy.)

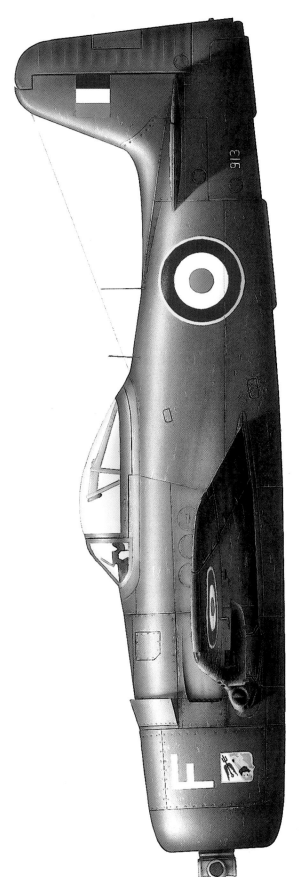

Grumman F8F-1 Bearcat GC I/22 Saintonge

Grumman F8F-1 Bearcat GC II/22 Languedoc

Peintures J. F. Cornu/Heimdal

Ci-dessus : Un F8F-1, n° 184, du G.C. II/21 « Auvergne » sur le terrain de Tan Son Nhut. La première chose que l'on remarquera, est la lettre code peinte en jaune sur la dérive, démentant ainsi tout ce qui avait été écrit à ce jour. Egalement en jaune, le sigle MDAP. On notera aussi, que le bleu de la cocarde et du drapeau de dérive est celui de l'avion.(DR.)

Ci-dessous : Un autre F8F-1 n° 105, de l'« Auvergne », entre les mains des mécaniciens. On constate également, sur le bord d'attaque de l'aile la lettre code, (près des mitrailleuses) en jaune. Au sol, le capotage avec l'insgine du II/21 lèvera les derniers doutes que nous avions sur les couleurs des traditions de l'« Auvergne » en Indochine. (DR.)

Grumman F6 F-5 « Hellcat », Flottille 11F

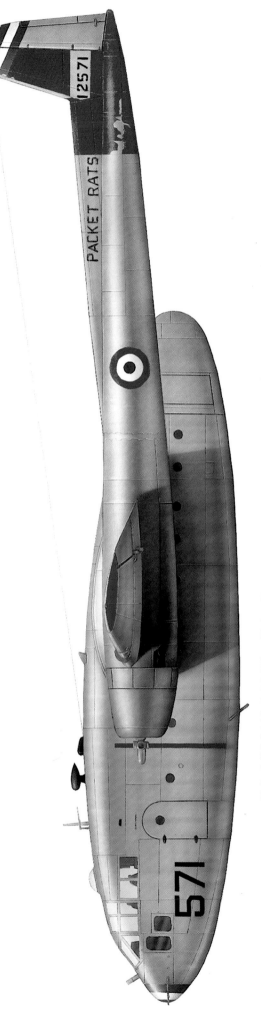

Fairchild C119 C-22-FA « Flying Boxcar » provenant du *403rd Troop Carrier Troup* de l'US Air Force

Douglas B26 B61-DL « Invader » GB 1/19 « Gascogne »

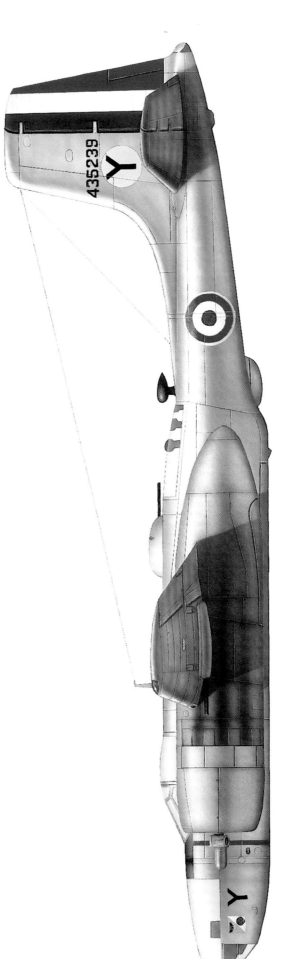

Douglas B26 C30-DT « Invader » GB 1/25 « Tunisie » abattu au-dessus de Diên Biên Phu le 16 avril 54

Peintures J. F. Cornu/Heimdal

1. - Le Viêt grouille dans le coin. Il est bien armé, bien entraîné et fanatisé. Il est sur son terrain et tient à le montrer. Ces blindés sont placés en soutien sur la cote 226, aux environs de Tuy Hoa, dans la zone des hauts-plateaux d'Annam. (DR.)

2. - Les hommes du I/Corée sont arrivés au poste de Dak Doa, dont la garnison est formée d'une soixantaine de montagnards, Man u Rhadé, en bref des Moïs, commandés par un sous-officier de gendarmerie. Là, les « Coréens » aménagent les puits à mortiers. Malgré ces préparatifs, Dak Doa sera enlevé dans la nuit du 17 au 18 février 1954 par les Viêts.

3. - Sur la route de Dak Doa, la colonne avance prudemment, car les Viêts sont partout. Les hommes marchent à distance, le doigt sur la détente. (DR.)

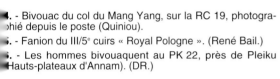

4. - Bivouac du col du Mang Yang, sur la RC 19, photographié depuis le poste (Quiniou).

5. - Fanion du III/5ᵉ cuirs « Royal Pologne ». (René Bail.)

6. - Les hommes bivouaquent au PK 22, près de Pleiku
(Hauts-plateaux d'Annam). (DR.)

4

6

111

2. - Piastre Ho Chi Minh.

1. - Affiche réalisée par les Viêts pour inciter les légionnaires, plutôt les Allemands, à déserter.

3, 4 et **5.** - Piastres de la banque d'Indochine.

Un scandale étouffé : le trafic des piastres

M. Bollaert, en prenant ses fonctions de Haut-Commissaire en Indochine, déclarait à Hanoi : « Nous avons en Indochine des droits et des légitimes intérêts. Nous avons beaucoup semé et, nous n'avons pas honte de le dire, nous ne voulons pas être frustrés de la récolte. »

Cette récolte représente les milliards de bénéfices réalisés en Indochine et réinvestis dans le reste du monde, grâce au trafic des piastres.

Le journal officiel du 7 décembre 1953, débats parlementaires, page 5849, rappelle l'intervention de M. Kriegel-Valirmont, au cours d'un débat à l'Assemblée Nationale, par laquelle il protestait contre le vote d'une loi spéciale tendant à frapper du secret les travaux de la Commission d'enquête sur la banque d'Indochine et le trafic des piastres.

Plusieurs ministres, des généraux, mouillés jusqu'au cou, parviendront à s'en tirer. Kriegel-Valrimont est communiste, diront certains, mais il n'avait fait que lire un extrait de l'analytique, donc du document rédigé par les membres de l'Assemblée Nationale à la commission. Le taux de la piastre à 17 francs a été bien étudié dans le but d'organiser un trafic international. Des policiers enquêteurs quitteront la police, en empruntant leurs dossiers, et trouveront un poste à la banque d'Indochine. M. René Bousquet, non inquiété pour ses fonctions d'ex-secrétaire général de la police de Vichy, sera un des directeurs de la banque d'Indochine.

Après tous les scandales dénoncés après la libération : les vins, les Bons d'Arras, l'affaire des généraux, puis celle des fuites… qui n'ont pas été jugés vraiment, la multitude de coupables, du moins les survivants, peuvent dormir tranquille.

La dévaluation de la piastre qui sera notifiée le 9 mai 1953, au gouvernement viêtnamien, ramène le taux de 17 francs à 10 francs.

L'effet se portera plutôt sur les populations, sur le cours du riz. C'est ainsi que pour approvisionner les hommes et les familles du commando n° 65 (commandos du Nord-Viêtnam) en riz, le sergent-chef Ballot, engagera une partie de sa propre solde. L'intendance comptait l'allocation journalière en piastres, sans tenir compte de la dévaluation.

Les Viêts profiteront également du trafic, avec la piastre officielle, car la piastre Hô Chi Minh n'avait cours que dans les zones que le Viêt-Minh contrôlait ; elle n'avait aucune côte ailleurs.

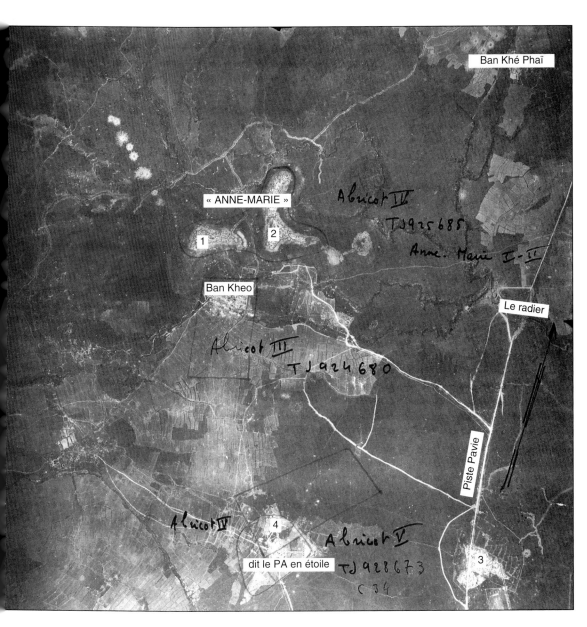

Labels on image:
Ban Khé Phaï
« ANNE-MARIE »
Abricot IV
TJ925685
Anne. Marie I-II
1
2
Ban Kheo
Le radier
Abricot III
TJ924680
Piste Pavie
Abricot IV
4
Abricot V
dit le PA en étoile
TJ928673
C34
3

Le 27 mars 1954. Les « Anne-Marie », troisième position qui tombera aux mains des Viêts, sans combattre à la suite de la désertion d'une compagnie Thaï.

Comme une orange qu'on débite par quartier

Le bilan des pertes des divisions viêts donne des chiffres assez élevés. « Béatrice » était « passé » malgré tout, mais c'est « Gabrielle » qui, par sa résistance acharnée, a coûté très cher à Giap. La division 308, en une seule nuit, a eu 1 500 morts, la 312 en a perdu 560, quant aux blessés, on peut les chiffrer à 7 000.

Ce lundi **15 mars**, le mauvais temps règne sur toute la haute région et les appareils chargés de ravitailler le camp retranché, naviguent sans aucune aide de « Torri rouge ». Chaque pilote ayant terminé sa mission, informe ses successeurs de la situation.

Dès le début de la matinée, 7 Bearcat du GC 2/22 « Languedoc », débouchent au-dessus de « Diên ». Le sergent Sahraoui, atteint par la DCA, s'écrase dans la jungle. Puis, ce sont trois patrouilles de la 11F, le lieutenant de vaisseau de Lespinas (11F-8), avec son équipier, le second-maître Violot (11F-9), reçoit l'ordre de bombarder un emplacement d'artillerie, balisé par fumigène, dans le nord de la piste, avec chacun deux bombes de 500 livres à court retard. A peine Lespinas a-t-il largué ses bombes, qu'il est atteint et s'écrase à environ 400 mètres au nord de l'objectif. D'une voix métallique, la radio annonce : « *Savart bleu leader a percuté la crête à environ 6 500 km dans le nord de "Castor".* »

Violot qui n'avait pu larguer ses bombes, se voit désigner un autre objectif, dans les 090 de la piste. Malgré les éclatements qui secouent son Hellcat, il

traite son objectif et remonte dans les nuages. Puis, il rentre sur Cat Bi, seul.

La situation des antennes chirurgicales est dramatique. Il y a eu d'abord les blessés de « Béatrice », puis de « Gabrielle », suivis de ceux de la contre-attaque... il n'y a plus de place. Deux obus de 105 mm à court retard ont explosé dans la salle-radio et dans un abri de tri qui s'est écroulé. Les blessés ensevelis n'ayant pu être dégagés à temps, sont morts étouffés.

Pendant ce temps, les Bo Dois grignotent le terrain, investissant les abords de « Dominique ». Plusieurs tranchées, parties de « Béatrice » (Ban Him Lam), se dirigent, en profitant des mouvements de terrain, vers les « Anne-Marie ». Cette approche inquiète des Thaïs de la 12e compagnie du bataillon thaï n° 3 (BT 3), commandés par le capitaine Guilleminot. Ces hommes, originaires de Son La et Ngia Lo, étant trop éloignés de leurs familles, pris dans un combat dont ils ne comprennent plus le sens et faute d'un encadrement suffisant, désertent avec armes et bagages, abandonnant « Anne-Marie » 3, aménagé en protection de la piste d'aviation, en plein sur la piste Pavie. Cette défection sans combattre, sera comme une tache originelle pour les autres Thaïs qui, fidèles à leur chef, lutteront jusqu'à la fin.

Trois positions sensibles ont été ainsi occupées par le général Giap. Le colonel de Castries semble pessimiste ou c'est alors un mauvais effet de la lumière. Le capitaine Noël, chef de son 2e bureau, pense que les Viêts ont brûlé toutes leurs munitions et qu'avant d'être réapprovisionnés... En bref, l'affaire est finie.

113

1. - Le lieutenant-colonel Langlais, en discussion avec ses paras. Il a la responsabilité du sous-secteur nord, à la place du colonel Gaucher, tué durant la nuit du 13 mars.

2. - Ces combattants tentent de récupérer entre deux assauts des Viêts sur la probabilité d'une contre-attaque.

3. - Une contre-attaque qui ne va pas aboutir plus que les autres ; elle aura eu l'avantage de la tentative.

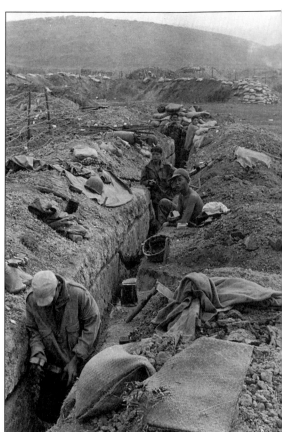

3

4. - Après le pilonnage de l'artillerie Viêtminh, il faut aménager les abris, creuser les tranchées. Il y a du pain sur la planche.
5. - Le jour s'est levé sur une vision de désastre et il faudra maintenant restaurer, rétablir les communications et ça va recommencer.
6. - Quelques prisonniers Viêts, les derniers ramenés au camp retanché. Castries, pour alléger ses charges, voudra les rendre à Giap.

(Photos ECPA)

6

1. - Le capitaine Pichelin, de la 2ᵉ compagnie du 8ᵉ BPC, un beau soldat qui sera tué le 31 mars 1954.

2. Les abris, trop fragiles, vont s'effondrer comme des châteaux de cartes.

(Photos ECPA)

3. La contruction de ces abris tenait de l'ignorance du danger qui allait venir des collines environnantes, de l'ineptie des stratèges et du manque de matériel.

(ECPA)

4. - Afin d 'avoir le battant maximum, les canons, comme ce 105 mm, sont installés dans des alvéoles bien « aérées ». Le pilonnage de l'artillerie viêt sera d'autant plus meurtrier pour les servants des canons du camp retranché.

5. - Reconstitution à la française pour un grand hebdomadaire dont la devise est « le poids des mots, le choc des photos ». Ce faux lieutenant de légion, maculé de mercurochrome comme faux blessé paraîtra en 1re de couverture.

(Photos ECPA)

5

Les paras de « Diên ». De gauche à droite : capitaine Botella (5ᵉ BPVN ou
« Bawouan »), chef de bataillon Bégeard (6ᵉ BPC), capitaine Tourret, lieu-
tenant-colonel Langlais et à droite, lieutenant-colonel de Seguins-Pazzis.
(ECPA)

Reporters du service presse informations Indochine, Daniel Camus et Pierre Schœndœrfer, viennent d'arriver à Diên Biên Phu où Martinoff a été tué le 13 mars et André Lebon, blessé et amputé d'un pied. (ECPA)

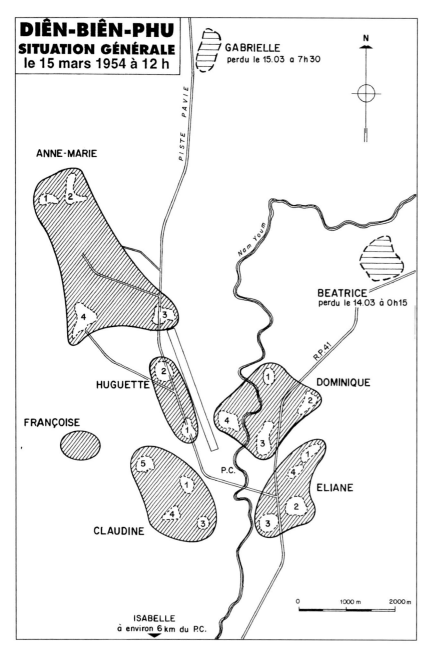

GABRIELLE
perdu le 15.03 a 7h30

N

PISTE PAVIE

ANNE-MARIE

Nam youm

BEATRICE
perdu le 14.03 à 0h15

R.P.41

HUGUETTE

DOMINIQUE

FRANÇOISE

P.C.

ELIANE

CLAUDINE

0   1000 m   2000 m

ISABELLE
à environ 6 km du P.C.

Parachutages des renforts

Le **16 mars**, le 6e BPC du chef de bataillon Bigeard est lâché à proximité d'« Isabelle »... pourquoi si loin ? Sitôt regroupés, les paras remontent à pied sur le PC GONO. « *La casse,* comme l'écrit Bigeard, *est assez sérieuse.* »

En fin de journée, les « Bigeard boys » sont envoyés sur la partie ouest du PA « Eliane 4 ». Surprise désagréable, la position n'est pas aménagée. Malgré l'artillerie viêt qui s'est mise de la partie, Bigeard organise au mieux les emplacements de combat de ses hommes. Après, il faudra penser aux abris. Les travaux vont se poursuivre durant toute la nuit ainsi qu'une partie du lendemain, des paras ont été blessés par les éclats, car les Viêts n'ont pas cessé de les harceler.

Le même jour, parachutage, par le C-47 du capitaine Malleau, du « Franche-Comté », de l'antenne chirurgicale parachutiste n° 3 du médecin-lieutenant Résillot, qui va rester sur « Isabelle ». Fait étonnant, parmi son personnel figure le quartier-maître de 1re classe Ségalen, un infirmier de la marine.

A 16 heures, le C-47 « Zoulou Zoulu » du « Franche-Comté » se présente à l'atterrissage avec comme seule marque des croix rouges. Plusieurs salves, qui se succèdent depuis le début de piste, le dissuadent de se poser, il remet « la gomme » et prend de l'altitude. Après avoir tourné un moment plus à l'ouest et, profitant d'une brume subite, le pilote tente une deuxième approche, en avertissant « Torri Rouge », mais le PCIA refuse l'atterrissage, car les blessés ont été renvoyés dans les abris.

D'autres avions, à cause de l'artillerie ennemie, connaîtront les mêmes déceptions et surtout depuis que de nouvelles pièces ont été repérées sur les Ex-PA « Béatrice », « Gabrielle » et « Anne-Marie », en majorité des 37 mm et des 20 mm, dont les servants guettent les transports à la ressource. Les missions de parachutages paraissent sérieusement compromises et, par conséquent, la régularité du ravitaillement, l'arrivée des renforts, sans oublier, fait important de se trouver dans l'impossibilité d'évacuer les blessés dont le nombre croissant commence à encombrer, non seulement les antennes mais également leurs boyaux d'accès.

Le **17 mars**, Langlais restructure les PA du nord-ouest. C'est-à-dire que « Anne-Marie » 3 et 4 deviennent respectivement « Huguette » 6 et 7. Sur ce dernier PA, ex « Anne-Marie » 4, la 1re compagnie du 5e Bawouan relève la 9e compagnie du BT 3 du capitaine Désiré, qui est envoyée sur « Isabelle ». La 4e compagnie (de Wilde) du 6e BPC, engagée par Bigeard pour reconquérir les « Anne-Marie », se fait surprendre à découvert par des canons sans recul (SR) et des mitrailleuses lourdes ; elle est contrainte au repli.

A 13 h 50, le lieutenant Ruffray, du « Franche-Comté », dépose plusieurs caisses de plasma et ramasse 32 blessés. Décollage sur 700 mètres au milieu des explosions. Malheureusement, un obus tombe en plein sur un groupe de blessés invalides, restés au sol.

Le personnel de l'armée de l'Air des équipes d'entretien des Bearcat ou celui attaché aux mouvements de piste se voit détaché au 1er BEP.

Face à toutes ces difficultés, le général Navarre veut des têtes et, en premier, il accuse l'aviation de transport de ne pas être à la hauteur des missions qui lui sont demandées. Le général Lauzun estime que c'est insulter son personnel. Quant au colonel Nicot, « patron » du transport, après avoir débité une litanie d'épithètes impropres à la discipline, il sort ses fiches et cite des chiffres. Que de 3 700 heures de transport effectuées par mois, ses équipages sont passés à plus de 7 000 heures. Parlons aussi du principal handicap dont on ne semble pas tenir compte dans les critiques : la DCA. Les Dakotas doivent larguer entre 7 000 et 9 000 pieds, ce qui, tout en augmentant la dispersion, sinon la perte des colis, ne les met pas hors de portée des 37 mm. Autre inconvénient : depuis que les avions ne se posent que pour ramasser des blessés, il est impossible de récupérer les voilures de parachutes et les plateaux ; il y a donc le manque dans les centres de ravitaillement. Pour pallier à ces carences, il faudra en réclamer à la métropole.

Bonne nouvelle, le gonio VHF et le beacon sont de nouveau en service. Il y aura 23 missions de parachutages. Le « Dak » « Zoulou-Tango » du commandant Darde se pose, mais l'artillerie le serre de près. On dénombrera 19 impacts et le médecin-lieutenant Lavandier est blessé, mais aucun autre blessé ne peut être récupéré.

Le **19 mars**, l'équipage Biswang avec Mlle Gras (IPSA), après notre acrobaties, se pose et en dépit des explosions qui se rapprochent, réussit à embarquer 23 blessés qui seront transportés à Muong Saï, au Laos.

Dans la nuit, quatre équipages réussissent à atterrir tous feux éteints, piste non balisée. Malgré la discrétion de la manœuvre, les Viêts soupçonnent quelque chose et ouvrent le feu. Chaque appareil enlève néanmoins 19 blessés.

Le **20 mars**, le sergent-chef Cadiou, commandant une compagnie de 38 jeunes supplétifs, natifs de la région de Phat-Diem, dans le Delta et dépendant du 3e RTA dont le commandant est le chef de bataillon Garandeau, défend « Dominique » 2. Déjà les tranchées viêts se faufilent, suivant la configuration du terrain, jusqu'à une centaine de mètres de la position. Sur les deux 57 mm SR, Cadiou n'en a plus qu'un seul et un lance-flammes.

Le **21**, ouverture de route du 1er BEP en direction d'« Isabelle ». Les Viêts étaient en embuscade devant Ban Kho Loi, puis Ban Loi. L'accrochage est violent et il faut l'intervention de deux pelotons de Chaffee, celui de Carette, puis de Préaud, pour les dégager.

Le général Gambiez a pris passage à bord du Dakota « Zoulou-Sierra » de Biswang. Il a demandé au pilote de survoler « Isabelle », où se trouve son fils, lieutenant de légion, blessé la veille.

Le lendemain, un hélicoptère S-55 se pose sur la DZ de cette position, pour une « evasan » (évacuation sanitaire) de plusieurs blessés dont le fils Gambiez. Les salves d'artillerie ne leur laissent guère de répit, un obus atteint l'hélicoptère au moment où il décollait. Il s'écrase et prend feu. Les blessés ne peuvent se dégager ; ils périssent dans les flammes.

Le **22**, nouvelle ouverture vers « Isabelle », encore avec le 1er BEP, décidé à en découdre et à réduire deux compagnies viêts, appartenant à un régiment de la division 304, qui sont retranchées à Ban Kho Lai. Les combats vont durer jusqu'à 18 heures, quand les chars viendront les dégager.

Cadiou, sur « Dominique » 2, aperçoit en face et à gauche de son PA, les Bo Dois à 200 mètres à peine des barbelés. Ils observent tout simplement son PA, sans se cacher. Dans la nuit, ils creusent des tranchées et tirent au 57 SR. Quelques supplétifs sont tués, d'autres blessés... une habitude, puis les assiégés ripostent...

Quelques jours plus tard, « Dominique » 2 sera submergé. Le sergent-chef Cadiou, sorti 1er de sa promotion de Saint-Maixent, et ses supplétifs vont être ainsi « gommés » des contrôles...

A 22 heures, le lieutenant Arbelet, du « Béarn » tente une « evasan », mais des Viêts, embusqués à proximité du parking, lâchent une rafale de FM, qui blesse le pilote à une jambe et le mécanicien aux deux. On les aide à débarquer et à rallier l'antenne chirurgicale du GONO, où Grauwin les soigne ; aucune gravité.

A l'aube, tout en profitant de la brume, l'équipage pansé et au complet décolle avec un chargement de blessés. Un autre, Rousselot, en emporte 25 autres.

A Cat-Bi, après une conférence d'état-major, il en ressort que l'aviation de transport, du moins les C-119, vont participer à des missions d'appui-feu, en balançant des bidons de napalm sur les zones contrôlées par les Viêts.

Les C-119, à part l'avantage du tonnage transporté, ne sont pas prévus pour des missions de ce genre. Nécessité oblige et après un vol d'entraînement, effectué sous les conseils éclairés d'un officier navigateur-bombardier des B-26, le capitaine Soulat, leader des équipages français des Packet a sélectionné deux sections lourdes à trois avions. Au crépuscule, les appareils décollent, se suivant à 20 secondes.

Dans la 2e section, un ailier, le lieutenant Clairé, en pleine accélération sur le n° 186, fait un signe à son « co » de déjauger le train auxiliaire avant, le geste est mal interprété et le co-pilote rentre carrément le train. Tragique méprise... c'est sur le ventre, dans une nuée prolongée d'étincelles, le béton arrachant le métal qui s'éparpillait sur la piste, que le 186, s'arrête de travers au 3/4 de la piste. L'équipage, tout en se remettant de ses émotions, évalue qu'avec près de 7 000 litres d'essence et 4 tonnes de napalm, il aurait pu finir « en lumière ».

Pendant ce temps, les autres sont déjà en vol, gagnant l'altitude de 13 000 pieds, tandis que les *Dispatchers* commencent à préparer les « colis », les « bidons spéciaux » qu'il faut désarrimer, ne gardant que les *« quick release »* et le fil de freinage maintenant immobiles les ailettes préparant la mise à feu.

Soulat, n'a aucun appareil de visée, mais il a embarqué son navigateur des B-26, à titre de sécurité de vol. Celui-ci, dans le noir absolu doit maintenir le bon cap de la formation, puis délimiter la zone à traiter, en trouvant un point fictif, une verticale à partir de laquelle il pourra donner l'ordre du « go ». Les pilotes ont tous leurs sens en éveil, prêts à répondre aux ordres.

Après un temps d'attente et l'avertissement d'un *Stand-by*, le « go » résonne dans les casques... les

L'un derrière l'autre, des B-26 du GB 1/25 Tunisie, remontent la piste de la BA 195 de Cat-Bi (Haiphong). Celle-ci est souvent en réparations. Afin de mieux supporter la chaleur qui règne à bord des avions qui stationnent sur les parkings, bien au soleil, les canopées. ont été grandement ouvertes. Remarquez les différents modes d'ouverture des canopées : latérale sur celui qui est noir, longitudinale sur l'avion au fond. (EC-PA.)

(Suite page 130)

1. - Dans un Dakota, les paras du 6ᵉ BPC attendent pour sauter sur Diên Biên Phu.

2. -Le 16 mars 1954. Le 6ᵉ BPC du chef de bataillon Bigeard saute sur Diên Biên Phu. Une idée très stratégique sera de les parachuter à proximité d'Isabelle, à 5 km au sud du camp retranché.

3

3. - Le 6ᵉ BPC de Bi-
geard qui vient d'être
largué près d'Isabelle,
devra être rapatrié sur
le GONO avant la nuit.

4. - Le 16 mars 1954.
L'espoir renaît à Diên
Biên Phu. Bigeard
vient de sauter avec
son 6ᵉ BPC. Il souffre
encore d'une entorse
qu'il s'est faite en dé-
cembre 1953, lors
d'une opération à Se-
no-Savannakhet (Laos).

4

1

2

3

1. - Le 6e BPC arrive en renfort à proximité du CR « Isabelle » Bigeard est là ! La nouvelle regonfle les sceptiques.
(ECPA.)

2. - Le dépôt d'essence atteint par des salves, flambe allè-
grement. Passant à côté du dernier tronc, rescapé des travaux d'aménagement, ces deux paras du 6e BPC regagnent un abri. (ECPA.)

3. - Le 1er BEP tente de rallier « Isabelle », mais un « bou-
chon » les en empêche à Ban Kho Lai. Avril 1954. (ECPA.)

4. - Le 1er BEP tente une ouverture vers « Isabelle », mais
deux compagnies Viêts l'accrochent à hauteur de Ban Kho
Lai. Les combats sont violents et il faudra l'intervention des
blindés pour se replier.

5. - Les sens en éveil, ce para attend l'ordre de gicler hors
de la tranchée. (ECPA.)

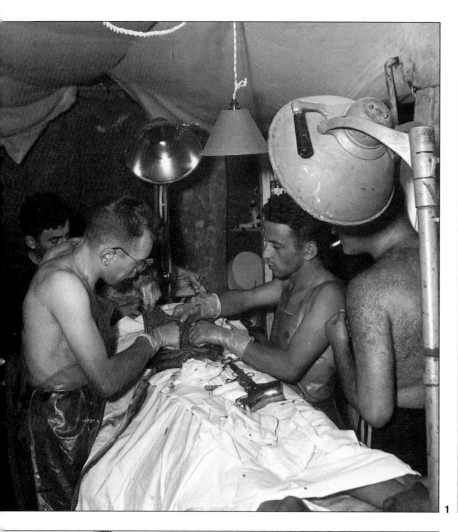

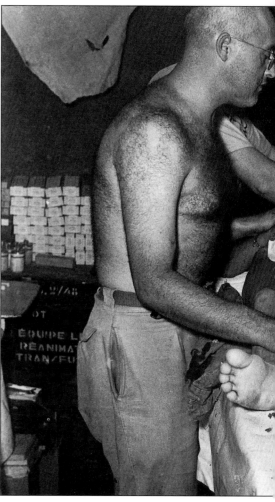

1. - Le médecin-lieutenant Jacques Gindrey (à gauche) et Jean Vidal (à droite) interviennent sur un « abdomen », opération délicate, qui après l'urgence, nécessite une évacuation vers Hanoi.

2. - Le médecin commandant Paul Grauwin opère un fracas de jambe sous garrot.

3. - Les blessés s'entassent dans les salles de tri. Il n'y a plus d'espace disponible et d'autres blessés vont arriver. Il est urgent d'évacuer, mais la piste d'aviation est aussitôt prise sous les tirs de l'artillerie viêtminh.

4. Le « toubib » du 8ᵉ choc, Patrice de Cartfort soigne (à gauche) un blessé atteint au bras et à la jambe gauches. Au fond, on aperçoit le Nam Youn et la piste d'aviation et permet de situer que cette photo a été prise depuis les « Eliane ».

5. - Le GMC stationne devant l'antenne chirurgicale, venu pour embarquer les blessés devant être évacués sur Hanoi. Un fanion à croix rouge a été planté au-dessus des abris.

(Photos ECPA)

1. - Ce S-55 vient de se poser sur la D2 pour une « evasan » (évacuation sanitaire). La coque métallisée ne peut qu'attirer l'attention des guetteurs viêts.

2. Les Viêts, qui n'ont pas signé les conventions de Genève, ne respectent pas les marques de la Croix Rouge. Des obus éclatent déjà à proximité de la DZ.

3. - Un hélicoptère S-55 tente de faire une évacuation sanitaire, mais repéré par les Viêts, le pilote est obligé de s'arracher de la DZ, encadré par les explosions.

4. Sur les parkings, les blessés à évacuer s'entassent devant la porte du Dakota, marqué de la Croix-Rouge. La plupart des blessés sont des rescapés des combats de « Béatrice », de « Gabrielle » et de la contre-attaque.

5. - Hanoi, mars 1954. Les Dakota qui ont réussi à ramener les blessés de Diên Biên Phu. Les équipés d'accueil attendent les ambulances de l'hôpital Lanessan. Au fond, le Dakota Zoulou Yankee du GT Franche-Comté.

(Photos ECPA)

1

2

3

4

5

6

7

6. - Le Dakota vient de lever le container contenant 6 plasma, les antibiotiques, avant d'embarquer les blessés.

7. - Les Viêts ouvrent le feu, visant les Dakota. Panique générale. Des blessés s'accrochent désespérment, du moins les plus valides. Les autres sont tirés vers l'ambulance.

8. - Malgré la croix rouge peinte sur la coque, les Viêts, qui ne reconnaissent pas les conventions de Genève, tirent sur la piste. Ce « Dak » du GT Franche-Comté se lance au milieu des explosions.

(Photos ECPA)

8

pilotes cabrent aussitôt leur Packet, tandis que les *dispatchers*, d'un mouvement sec, libèrent les charges qui disparaissent dans la nuit. Malgré la crainte d'une erreur possible, les 20 tonnes de napalm tombent sur les crêtes hantées par les Viêts ; un gigantesque brasier s'allume...

Cette expérience semble intéresser le commandement, quoique les résultats ne soient pas reconnus. Le lendemain 8 autres C-119 prennent la suite.

Entre-temps, le « Dak » du capitaine Koening, chef des opérations du GT « Béarn », qui était en prolongation volontaire de séjour, se fait descendre en flammes au nord-est du camp retranché.

Le **24**, le 6ᵉ BPC parvient à accrocher des éléments viêts, en position entre « Claudine » et « Isabelle ». Des difficultés se présentent à « Huguette » 6, dangereusement investi, au nord de la piste d'aviation.

Le **25 mars**, les missions napalm se succèdent à un rythme accéléré. Dix-neuf missions sont prévues, mais réservées aux seuls équipages militaires, donc les Français. Les personnels de la CAT assurent les parachutages.

« Huguette » 7 est continuellement harcelé depuis les « Anne-Marie ». Le 8ᵉ choc, en mouvement, se fait accrocher, entre « Dominique » 1 et 2.

Vendredi **26 mars**. Le C-47 du capitaine Boeglin, du « Béarn », sérieusement atteint par la DCA, alors qu'il allait se présenter, est contraint de se poser sur la piste secondaire, au sud, où les canons de l'ennemi lui font la réception d'usage. L'équipage n'a que le temps de gicler avant que le feu ne s'empare de l'appareil.

Vingt-six paras sont largués sur le camp retranché. Le capitaine Bouguereau réussit à se poser de nuit et à embarquer 19 blessés. Chaque nuit, ces équipages risquent leur vie, sans calculer leurs chances, pour arracher les camarades « d'en bas » à la mort, après avoir largué leur cargaison de paras.

Tentative de dégagement d'« Huguette » 7 par le 1ᵉʳ BEP et le 5ᵉ BPVN.

Le **27 mars**. Le « November-Kilo » du GT « Sénégal » est abattu par la DCA. Le capitaine Dartigues, après une première mission sur « Dien » d'où il a réussi à prendre des blessés qu'il a ramené à Hanoi, se présente dans la même journée pour une seconde tentative. Survolant « Eliane » 3, il est rapidement pris à partie et soudain, une flamme près du moteur droit et la fumée... l'avion désemparé s'écrasait quelques instants plus tard, dans la jungle.

Le dimanche **28 mars**, le sort frappe le capitaine Bouguereau. Après plusieurs missions réussies sur Diên Biên Phu, il a été envoyé pour une autre sur le Delta de Tonkin. Son « Zoulou-Charlie » (Franche-Comté) encaisse plusieurs impacts, il est grièvement blessé. Il mourra deux jours plus tard.

Afin de s'opposer, ou au moins limiter les approches des sapeurs viêts qui ne cessent de creuser leurs tranchées, les paras et les légionnaires partent à l'attaque et les rebouchent tant bien que mal, particulièrement aux abords de la piste. Création du PA « Opéra », à l'est de la piste ; il sera tenu par une compagnie du 8ᵉ choc.

Les Viêts ne cessent de grignoter le périmètre mobile et décroissant du camp retranché, preuve en est l'examen des photos aériennes qui montrent ces lignes brisées serpentant vers les PA, avant de les encercler.

Des unités d'intervention du 6ᵉ BP et du 8ᵉ choc partent à l'assaut des batteries antiaériennes, mises en place entre Bang On Pet et Ban Pe (au pied des ex-« Anne-Marie »). Le 1ᵉʳ BEP est en appui et le I/2ᵉ REI a la mission de protection et de recueil. Les chars du lieutenant Préaud (basés à « Isabelle ») interviennent en fin d'après-midi. Coup dur pour les Viêts qui ont perdu environ 400 tués, 20 prisonniers, des mitrailleuses et des canons. Evidemment, ils ont plus de ressources que les Français...

Il n'y a que les parachutages et encore, au fur et à mesure des possibilités qui s'amenuisent, ça dimi-

nue, car maintenant, de nombreux colis tombent chez les Viêts, trop heureux de se faire livrer « à domicile ». Divers procédés à retard seront testés, mais sans aucune garantie de réussite, comme les allumeurs à traction qui doivent faire ouvrir les « pépins » à l'altitude voulue... D'autre part, les équipages se voient délivrer des gilets « anti-flack », une véritable armure de 17 kg qui comporte une chasuble métallique et un tablier. Ceux qui ont conçu de tels accessoires, ne sont certainement pas allés au combat à bord d'un avion. En rappelant que chacun doit porter, en permanence, son pistolet, sa boîte de rations « survie », sa trousse individuelle de secours et son parachute, une fois sanglé sur son siège, chaque membre de l'équipage se sent prisonnier d'un carcan.

Durant la nuit, à 3 h 45, le commandant Blanchet, second du GT « Béarn », aux commandes du nᵒ 434, se pose rapidement sur la piste. En virant un peu trop brutalement pour s'aligner, Blanchet évalue mal sa marge de manœuvre et empêtre sa roulette de queue dans les barbelés. Sans en tenir compte, un GMC et une ambulance transfèrent leurs blessés au nombre de 19, à bord du « Dak ». Les Viêts, qui ont des guetteurs partout, se mettent à tirer, des éclats crèvent le réservoir d'huile du moteur droit. Il faut réparer. Les blessés sont débarqués et mis à l'abri, car les obus continuent à pleuvoir. Le mécanicien attend pour se mettre à l'œuvre. A 13 heures, le FRBDC, l'avion de Blanchet, est achevé par l'artillerie viêt. Le commandant Martinet, « patron » du « Béarn », fait avertir son adjoint, qu'il le récupérera la nuit suivante.

En fin de compte, plus aucun appareil ne se posera sur la piste de Diên Biên Phu. Les médecins appréhendent la suite, que faire de tous ces blessés, surtout les « abdomen » ?

Combattre jusqu'au bout

Langlais fait transférer des unités. Le I/4 RTM est remplacé par la 1ʳᵉ compagnie du 1ᵉʳ BEP, du lieutenant Luciani. Il a des inquiétudes pour « Eliane » 2 à cause du mont Chauve et du mont fictif, situés à l'est, non loin du PA, et solidement aménagés par les Bo Dois.

A 18 heures, l'artillerie adverse ouvre le feu, un violent tir de préparation qui pilonne « Dominique », « Eliane » et « Huguette ». La bataille des cinq collines vient de commencer. Deux divisions viêts se lancent à l'assaut des « Dominique » 1 et 2. Les tirailleurs algériens lâchent carrément la position, se débandent et vont se réfugier dans des caches, pratiquées le long de la rivière Nam Youn. Ceux-ci comme d'autres, seront baptisés « Les rats de la Nam Youn ». En revanche, « Dominique » 5, malgré certaines défections, résiste grâce à la 4ᵉ batterie du 4ᵉ RAC du lieutenant Brunbrouck qui tire « à zéro » sur les hordes de Bo Dois. Surpris de l'intervention meurtrière des mitrailleuses quadruplées de Brunbrouck, qui entame sérieusement leurs rangs, les Viêts se jettent dans un fossé, qui avait été « vicieusement » miné par le génie... une multitude d'explosions réduit les corps des 200 Bo Dois en cadavres déchiquetés, provoquant également un flottement parmi les autres assaillants.

Le **31 mars**, mauvaise journée pour le GONO. De QRF (demi-tour) le soir, un C-47 de l'adjudant-chef Guiraud de « L'Anjou » est abattu. Le lieutenant de vaisseau Andrieux, commandant la 3ᵉ flottille de l'aéronavale, et son équipier, le second-maître Janni, remontent la RP 41 sur leur Helldiver à destination de Diên Biên Phu, en cours de route, ils aperçoivent un convoi de camions molotova. C'est à peu près à la hauteur de Tuan Giao, qu'Andrieux pique, mais pris dans les tirs croisés de la DCA, il est touché, s'écrase au sol, sous les yeux de son équipier, impuissant. Le « Nha Qué » n'est plus. Surnom que ses camarades lui avaient donné parce qu'en prévision qu'il soit abattu et isolé dans la jungle, il mangeait du riz en quantité ; il n'avait pas prévu une telle fin.

Du côté d'« Isabelle », les Bo Dois du régiment 57 accrochent des éléments du III/3 REI et le chars de Préaud qu'ils bloquent à hauteur de Ban Kho Lai. Le char « Neumach » est endommagé et remorqué jusqu'à « Isabelle ».

Depuis « Eliane » 4, Bigeard lance une contre-attaque, en début d'après-midi, avec son 6e BPC et des éléments du 5e « Bawouan », à la conquête d'« Eliane » 1. Tourret, avec son 8e choc, a « entrepris » « Dominique » 2. A 14 h 30, la 2e compagnie du capitaine Pichelin boucule les Vlêts au sommet de la colline mais, quelques instants plus tard, Pichelin est tué. Cet officier de très grande valeur laissera un souvenir impérissable à ceux qui l'ont connu.

De son côté, « Bruno » (indicatif de Bigeard) réussit également sa manœuvre, mais les paras accusent de lourdes pertes et les effectifs disponibles ne lui permettent pas de conserver les positions conquises. Il réclame des renforts à Langlais.

Des bruits laissent entendre que le II/1er RCP va arriver, mais pressé par des questions précises, Hanoi consent à répondre, mais de manière plutôt évasive. Il faut préciser que ce bataillon n'attend que l'ordre de Cogny et celui-ci étant de « sortie », avec consigne formelle de « ne pas le déranger », les sirènes sont en repos cette nuit, Bréchignac va ronger son frein sur les parkings, tandis que là-bas, à « Diên », il aurait pu être à pied d'œuvre pour la contre-attaque…

Résultat, Bigeard, la mort dans l'âme, ordonne à Tourret de décrocher ; il n'y a pas moyen de faire autrement.

Le mouvement s'amorce à 15 h 30 et c'est ainsi que les Bo Dois réoccupent aussitôt « Dominique » 2. « Dominique » 5, de ce fait, n'a plus d'utilité. Les Thaïs, qui tenaient ce PA, reçoivent l'ordre de rallier « Dominique » 3. Les trois pièces de 105 mm sont traînées de l'autre côté de la Nam Youn, sur « Claudine ». Les paras du 6e BPC se replient d'« Eliane » 1 sur « Eliane » 4, avec la ferme intention, exprimée par « Bruno » qu'en aucun cas, on ne lâchera « Eliane » 2, d'autant plus que d'après les tranchées qui s'en approchent dangereusement, les Vlêts convoient résolument ce PA ; l'avenir, à court terme, le prouvera.

A 18 h 45, les premières vagues des divisions 312 et 316 dévalent les pentes du mont Chauve, mais les tirs des 105 mm d'« Isabelle », bien placés, coupent leurs premiers assauts. Pourtant, rien ne semble vraiment les arrêter. Des grappes humaines s'effon-

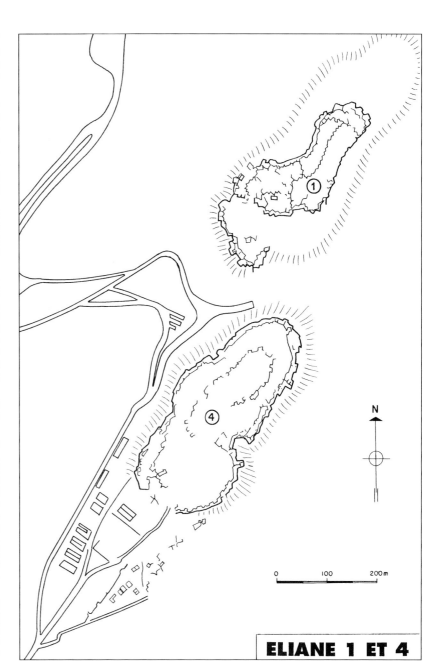

ELIANE 1 ET 4

Trois Bearcat en vol de groupe font un passage à basse altitude au-dessus de la piste couverte de plaques P.S.P. avant d'atterrir. (ECPA.)

(Suite page 138)

La piste d'aviation prise le 7 mai, peu avant la chute du camp retranché avec les « Huguette » et les « Dominique ». On remarque les cratères de bombes et l'investissement progressif des Viêts avec leurs réseaux de tranchées.

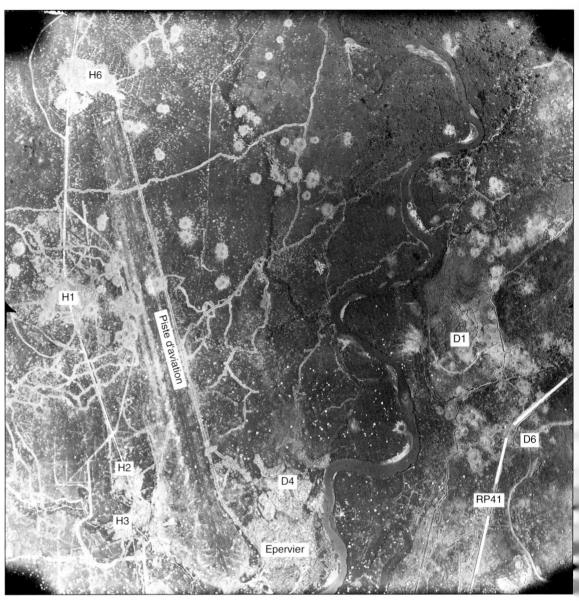

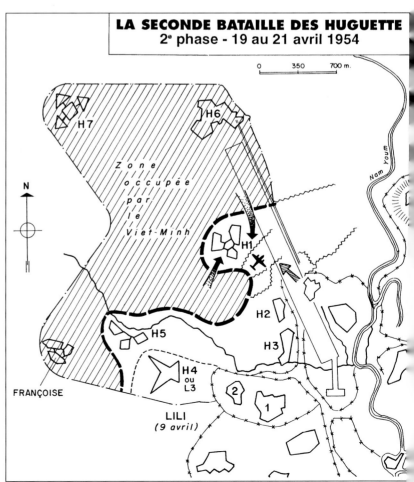

LA SECONDE BATAILLE DES HUGUETTE
2e phase - 19 au 21 avril 1954

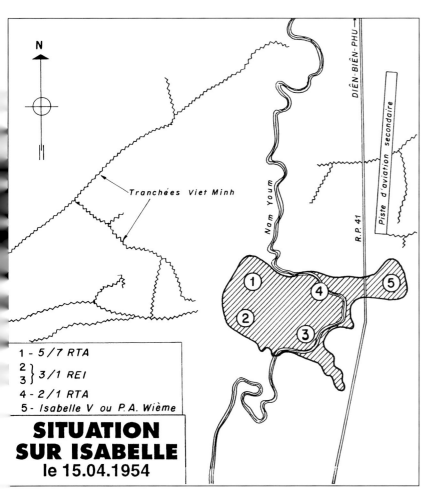

« Isabelle », bien encerclée par les tranchées Viêt-minh, ne tombera que quelques heures plus tard que le réduit central, après une tentative de sortie.

Piste secondaire

RP41

I1

I5

ou P.A. Wième

I4

I2

I3

N

Tranchées Viet Minh

Nam Youm

DIÊN-BIÊN-PHU

R.P. 41

Piste d'aviation secondaire

1
2
4
5
3

1 - 5/7 RTA
2
3 } 3/1 REI
4 - 2/1 RTA
5 - Isabelle V ou P.A. Wième

**SITUATION
SUR ISABELLE**
le 15.04.1954

133

1

1. - Ces combattants Viêt-minh profitent d'une pause avant de gagner leurs bases de départ. Leur armement se compose de Kalachnikov, de Mat 49 et de Mas-36.

2. - Les explosions à proximité de la bande d'aviation. Au fond, épaves de Dakota.

3. - Pièce de 37 mm de DCA, de fabrication soviétique, livrée par les Chinois appartenant à la division lourde 351.

Il faut préciser que cette photo n'est qu'une reconstitution, car jamais, un canon n'a été placé en visibilité. Tous étaient bien camouflés.

4. - Un C-47 Dakota atteint d'un coup au moteur droit qui est en flammes. Le pilote tente de le maintenir en ligne de vol, mais en vain, car il va s'écraser.

5. - Le 26 avril 1954, le second-maître pilote Robert, surnommé « Boby », il a 20 ans. Parti bombarder Diên Biên Phu, à proximité de l'ancien PA « Dominique », sur son Hellcat 11 F-20, il sera abattu. Fait prisonnier, on le voit ici, au moment de comparaître devant les commissaires politiques. Il mourra sur la route de la mort, vers les camps viêts dans les bras d'un sergent du 8ᵉ Choc.

2

3

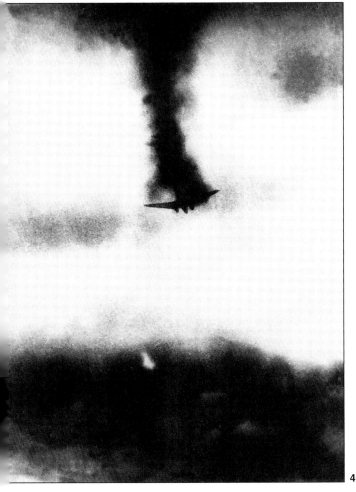

4

5

135

1. - Pièces de 105 mm en ligne. Jamais ils ne sont ainsi mis en batterie. Ceci est une reconstitution.

2. - Colonne de Bo Dois courant dans un boyau d'approche. La plupart sont armés de fusils, sauf le dernier qui porte un bazooka.

3. - Tireurs au fusil-mitrailleur (FM 24-29) en action. Cette photo, c'est visible, est une reconstitution faite pour la propagande. Il suffit de voir, au fond, d'autres Bo Dois qui discutent décontractés.

4. - Ces Bo Dois, armés de Mat-49 et coiffés de casques de latanier, participent à l'assaut des tranchées.

5. - Reconstitution de combats sur Muong Thank, nom viêtnamien attribué au terrain d'aviation. A droite, le moteur d'un C-47 Dakota détruit.

drent et il en vient toujours et encore ; le réservoir humain ne se tarit jamais chez les Viêts. Deux régiments se ruent littéralement pour submerger le PA. C'est un combat sans merci. Les chars du capitaine Hervouët débouchent sur le terrain ; ils sont aussitôt dans la ligne de mire des 57 SR. Les Chaffee « Ettlingen », « Smolensk » et « Bazeilles » enregistrent quelques mauvais coups, mais poursuivent le combat. Puis, c'est le « Mulhouse » qui est endommagé, mais toujours apte au combat, il le prouve en pointant son canon et ses mitrailleuses sur les assaillants. Après une nuit de combats meurtriers, les Paras restent maîtres, à l'aube, d'« Eliane » 2 et 4, ainsi que de « Dominique » 3.

Avril se termine avec « Camerone »

Le 1er avril, « Huguette » 7, partiellement évacué, est traité par l'artillerie du GONO, puis une contre-attaque permet aux paras de reprendre la position. A 17 heures, la division 316 entre dans la danse, son objectif étant « Eliane » 2. Sur le PA, légionnaires, paras et tirailleurs marocains résistent sans faiblir, tandis que les tirailleurs Thaïs lèvent le pied. A 21 heures, « Huguette » 7 disparaît sous les coups de boutoir des Bo Dois.

Le 2 avril, l'aviation de transport effectue des missions à haute altitude, les avions étant dirigés par un autre appareil ayant fonction de PC. La tactique de parachutage s'améliore, certes, mais ce n'est pas encore au point. Le largage du II/1er RCP se déroule en plusieurs phases. Le PC du bataillon rejoint celui du 5e BPVN sur « Eliane » 4. Bréchignac prend le commandement de l'ensemble.

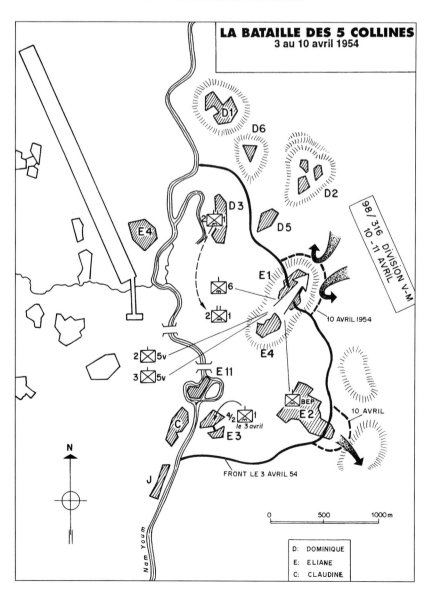

LA BATAILLE DES 5 COLLINES
3 au 10 avril 1954

98 / 316 DIVISION V-M
10 - 11 AVRIL

D1
D6
D2
D3
E4
D5
E1
6
2 1
10 AVRIL 1954
2 1
2 5v
3 5v
E 11
E4
BEP
C
10 AVRIL
4/2 1
le 3 avril
E 2
E 3
FRONT LE 3 AVRIL 54
N
Nam Youm

0   500   1000 m

D: DOMINIQUE
E: ELIANE
C: CLAUDINE

Le 3 avril. Temps exécrable. La plupart des avions font QRF et les stocks de vivres, de munitions, de tout, s'amenuisent, les rations se font maigres. La nuit, sous les ordres de Nicot, plusieurs avions tentent de percer sur la cuvette, mais le balisage est défectueux. Deux avions sur trois rentrent à Hanoi avec leur chargement.

« Eliane » 2, après 90 heures de combats acharnés, résiste toujours. Le reliquat du II/1er RCP est largué sur la position centrale.

Le 4 avril, la bataille pour « Eliane » 2 est finie... Celle des « Huguette » commence.

Mauvaise journée aéronautique à cause du mauvais temps. Les missions « banjos » ne « livrent » pas assez de personnel. D'après les statistiques d'Hanoi et en vertu des règlements propres au TAP (Troupes aéroportées), il n'est pas possible de parachuter plus d'une centaine d'hommes par nuit et temps permettent. A un tel rythme, le camp retranché ne pourra pas tenir plus de quinze jours. D'autre part, Castries informe Hanoi qu'il ne dispose plus que de 6 925 hommes valides.

Le 5 avril, les paras de Le Page (6e BPC) se joignent à ceux de Clédic (II/1 RCP) pour reprendre « Huguette » 6 ; succès total...

Giap semble marquer le pas. L'artillerie du GONO, depuis quelques jours, lui a porté des coups sensibles. D'autre part, la météo s'étant nettement améliorée, favorise l'intervention des chasseurs-bombardiers. En arrivant à la verticale de la cuvette, ils surprennent des Bo Dois en terrain découvert. On estime que 800 cadavres ennemis jalonnent le terrain. Pour compenser ses pertes, Giap rameute la division 304 et le Tieu Doan 176, ce dernier étant alors engagé dans des opérations de contre-guérilla en pays thaï. Les Viêts craignant l'action des maquis du groupement mixte d'intervention (GMI).

Pour mieux réagir et plus vite, Bigeard prend, en coordination avec Langlais, le commandement de l'intervention. « Il faut bluffer le Viêt, dit Bigeard, ne pas lui laisser d'initiative. »

En prévision de l'attaque qu'il veut lancer, il fait creuser une tranchée reliant « Eliane » 4 à « Eliane » 1, en utilisant le bas du piton, côté ouest. Les tirs de 81 mm sont préréglés sur les tranchées de l'adversaire, qui viennent du nord et de l'est, convergeant sur « Eliane » 1. C'est d'ailleurs par leur parcours que s'effectuent les relèves, les divers mouvements logistiques, le ravitaillement...

Entre-temps, « Bruno » dresse, avec ses adjoints « ops » le plan d'attaque. Pour reprendre « Eliane » 1, il ne peut disposer que d'éléments légers, qui devront éviter toutes concentrations sous le feu ennemi.

Le 10 avril, le 6e BEP et le 5e BPVN lancent une première attaque contre « Eliane » 1. C'est un échec.

A 6 heures, l'artillerie du GONO, une trentaine de pièces (105 mm et mortiers de 120 mm) a déclenché ses tirs de préparation et si Dieu reconnaît, paraît-il, les siens, il est à espérer que les artilleurs, en balançant leurs obus sur les objectifs, éviteront la casse inutile chez les leurs, en appuyant au plus près la vague d'assaut des paras.

Sitôt l'apparition des fumigènes, ils sont partis, escaladant les flancs labourés d'« Eliane » 1. Peu après, les artilleurs de Giap croisent le fer, de toutes leurs pièces, creusant des vides parmi les tenues camouflées, les sections du 6e BPC. Les paras n'en poursuivent pas moins leur effort, sans se laisser impressionner par l'enfer qui se déchaîne. Ils calculent leurs bonds, profitent des nombreux trous, zigzagant en courbant l'échine. Combien de temps va durer la montée de ce Golgotha ?

Il faut profiter en même temps de l'appui des chars qui pulvérisent les blockhaus du sommet, de l'intervention de l'équipe de lance-flammes qui font gicler des Bo Dois en feu. En outre, ils bénéficient des tirs d'infanterie d'« Eliane » 2, des armes automatiques d'« Epervier » sur « Dominique » 2 et, atout important, à la demande de « Bruno », des 40 tubes de mortiers de 81 mm. Et les paras enlèvent enfin la position qui était occupée par un bataillon à trois fortes compagnies. Un tiers avait été « réduit » par les tirs de préparation. Les autres, qui n'ont pas été tués lors des combats à la grenade ou au corps à corps, se sont vivement repliés sur le mont fictif. Quant aux paras du 6e BPC, ils ont perdu 30 % de leurs effectifs.

Les 3e et 4e compagnies du II/1 RCP relèvent les compagnies d'attaque. Mais à peine installés sur le PA, les paras de Bréchignac sont soumis à un violent tir d'artillerie qui se propage sur le PC GONO et les alvéoles d'artillerie.

A 18 h 45, Giap fait contre-attaquer par le régiment 98 de la 316, trois bataillons au grand complet ; une véritable marée humaine. A 20 heures, les Bo Dois atteignent le sommet du PA. Situation critique pour les paras qui, contraints à céder du terrain, s'accrochent désespérément en combattant.

Bigeard, qui suit l'action à la radio, ne peut, après les sacrifices consentis, perdre cette colline gagnée par le sang de ses hommes. Il fait donner les « réserves », bien minces. Deux compagnies du BEP, une centaine d'hommes, alors que Giap lance au même moment, un quatrième bataillon. Plus tard, dans la nuit, il engage les 2e et 3e compagnies du 5e BPVN et à deux heures… les paras sont les maîtres du terrain.

Entre-temps, les Dakotas ont commencé à larguer les premiers éléments du 2e BEP, du chef de bataillon Liesenfelt. Ils sont aussitôt mis dans le bain. En se relevant toutes les 48 heures, le II/1 RCP et le 2e BEP vont tenir « Eliane » 1 pendant vingt jours et vingt nuits.

Cette bataille a coûté la vie à une centaine de paras. Le bilan est plus lourd pour le régiment 98, car 400 cadavres gisent sur les pentes du PA. Quant au colonel, qui s'était fait fort d'enlever Eliane, il a été relevé de son commandement et peut-être, si Giap lui en laisse le temps, aura-t-il le temps de faire son autocritique ».

Le **14 avril**, un télégramme d'Hanoï annonce les promotions de Castries au grade de général de brigade, de Langlais qui devient colonel « plein » et Bi-geard, lieutenant-colonel. D'autres sont également promus.

Le **18 avril**, le peloton de Chaffée de Préaud se heurte au nord-est d'« Isabelle » à un fort élément ennemi, alors qu'il tente de dégager le PA Wième, en appui d'un détachement du III/3 REI.

Le **23 avril**, « Huguette » 1 tombe aux mains des Bo Dois. Ils s'en étaient approchés au plus près, leurs tranchées les ayant mené jusque dans le PA. La perte de cette position risque d'entraîner l'asphyxie, à court terme, du camp retranché.

Depuis plusieurs jours, à la suite de pluies torrentielles, tout le monde patauge dans la boue qui envahit tout, arrivant à la hauteur du genou. Pas de sommeil, peu à manger, il ne reste que le café et les cigarettes.

A 15 heures, après une préparation d'artillerie, avec une disponibilité de 1 200 coups, l'arrivée sur zone de 12 chasseurs-bombardiers et 4 B-26, le 2e BEP dont il ne reste que 380 hommes, au départ sur « Eliane », reçoit l'ordre de foncer.

Mais que se passe-t-il exactement ? Une mauvaise coordination des mouvements, des ennuis de transmissions, des postes décalés…

Bigeard ne peut que conclure : l'affaire est foutue ! Il ordonne le repli qui s'effectue, partiellement masqué par des obus fumigènes, sous la protection de quatre B-26… Triste bilan : 150 hommes hors de combat. Les Viêts, on le saura plus tard, ont perdu une compagnie entière sur « Huguette » 1 et plusieurs centaines de Bo Dois, écrasés par les appuis-feu ou les contre-attaques. Sur « Huguette » 1, il ne restait plus qu'une dizaine de Bo Dois valides… l'occuper aurait peut-être été possible, mais il n'y avait plus de réserves disponibles pour y rester.

Le même jour, le lieutenant de vaisseau Klotz, dont le Hellcat 11F-2 a été touché, saute en parachute sur Diên Biên Phu. Tombé entre les « Eliane » et le mont Chauve, il sera l'enjeu d'un combat entre Bo Dois et légionnaires de la 10e compagnie du III/13 DBLE, du capitaine Philippe qui emportera la décision et le pilote. Il y a désormais un deuxième marin dans le camp retranché.

Un F-8F Bearcat a été atteint par un obus viêt. La plupart vont être détruits au parking hormis ceux qui parviendront à décoller sous les salves en direction du Laos. La peinture qui a brûlé laisse apparaître l'étoile de l'US Navy.

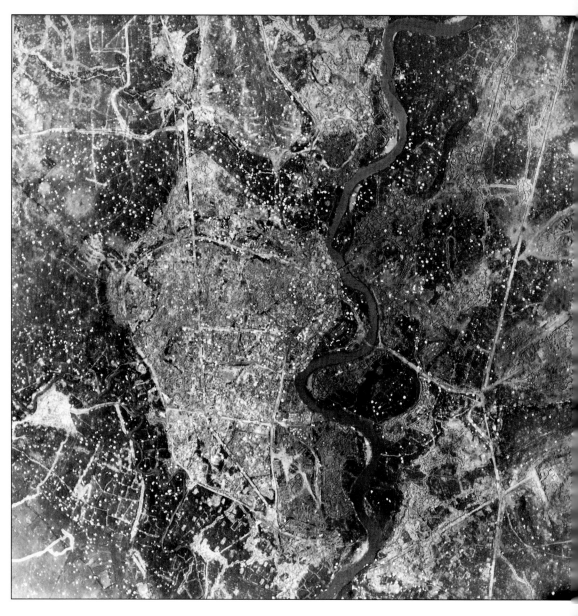

Le 7 mai 1954, sept heures avant la chute du camp retranché. Le réduit central, le nord des « Eliane », la rivière Nam Youn et tous ces points blancs qui sont... les 55.753 voilures de parachute.

N

ATTAQUES VIET-MINH
SUR ELIANE 2
le 7 mai 1954

0   70   140   210

Le **26 avril**, le second-maître Robert, abattu à bord d IIF-20, saute sur « Diên » mais il est fait prisonnier. mourra sur la route des camps ; il avait 20 ans.

Après la fin des « Huguette », les antennes regorger de blessés. Il y a 402 blessés couchés et 616 assis.

C'est à cette époque que le porte-avions américai *USS Saipan* livre 25 AU-1 « Corsair » à Tourane, a profit de la 14e flottille. Après visite technique, 2 sont déclarés indisponibles. Le dernier le sera aprè une demi-heure de vol. Les mécaniciens « faiseur de miracles » en deux jours pleins et autant de nui vides, sortent 16 appareils prêts au combat, mais c est déjà au 23 avril et il est déjà tard...

« Camerone » est célébré... toast à la « poussière promotion à des grades de légionnaires d'honneur. la légion ne faillit pas à la tradition.

Le lendemain, **1er mai**, chaque PA est attaqué pa des forces supérieures en nombre, à proportion d'u bataillon viêt pour une compagnie « allégée »...

Les renforts fournis par les paras « du premie saut » ne suffisent pas et un appel est fait aux bles sés les plus aptes à pouvoir tenir une arme.

Le **2 mai** au petit matin, « Eliane » 1, « Dominique 3 et « Huguette » 5 sont submergés par le Bo Do du régiment 141 de la 308.

Après la chute, le calvaire...

Dans la nuit du **3 mai**, à 1 h 15, commence le para chutage du 1er BPC du capitaine de Bazin de B zons, avec la 2e compagnie du capitaine Edme.

La nuit suivante, la 3e compagnie du capitaine Puget les rejoint, le capitaine de Bazin de Bezons et son PC, suivis d'une partie de la CCB et d'éléments de la 4e compagnie sautent au cours de la nuit du 4 au 5 mai. Ces derniers, à l'aube, sont envoyés par Langlais, en renfort de la 2e compagnie du II/1 RCP, sur « Eliane » 4. Les 2e et 3e compagnies s'installent sur « Eliane » 2 et relèvent le I/13 DBLE.

Le **6 mai**, en fin de nuit, commence le parachutage du reliquat du 1er BPC. Malheureusement, la violence de la DCA interrompt la manœuvre, 94 hommes seulement ont été largués. Les autres rentrent à la base.

Ces paras ont sauté, comme les autres, tout en sachant que les quelques jours qui vont suivre, ne sont qu'un sursis avant la fin.

Le **7 mai** au matin, le 2e BEP contre-attaque sur « Eliane » 2. Les survivants du 6e BPC réussissent à reprendre la moitié d'« Eliane » 10. Quant aux 50 derniers paras de Bréchignac (II/1 RCP), ils réoccupent la moitié d'« Eliane » 4. Ce qui était à prévoir, c'est la réaction violente de Giap, qui lâche en plein jour, car il ne risque plus grand chose, deux régiments frais. Le résultat ne se fait pas attendre. « Eliane » 4 et « Eliane » 10 disparaissent. Bréchignac et Botella demandent à l'artillerie du GONO de stopper ses tirs sur « Eliane » 10, à cause des blessés, restés sur le PA.

A 12 heures, Bigeard, réunit ses chefs de bataillon, Tourret, Guiraud et Clémençon, pour les entretenir de l'opération « percée de sang ». Une heure plus tard, tous conviennent que c'est inutile. Il n'y a aucune possibilité de décrocher et les hommes qui restent, sont à bout de forces.

D'autre part, les assiégés ont eu la désagréable surprise, après avoir entendu des sortes de rugissements métalliques, suivis de ronflements successifs, saccadés et d'explosions à dimension de feux d'artifice sur leur position, d'apprendre qu'ils étaient sous le feu des « orgues de Staline »… plusieurs batteries venaient d'arriver sur le site.

En outre, ils savent qu'une colonne de secours, nommée Crèvecœur, est partie du Laos à destination de Diên Biên Phu. On la situe du côté de Sop Nao, à une cinquantaine de kilomètres au sud du camp retranché. Baptisée Crèvecœur, du nom de celui qui en est l'organisateur, elle est en réalité commandée par le colonel Godard, qui doit apporter son soutien à l'opération « Albatros », c'est-à-dire la sortie en force vers le sud, de tous les éléments opérationnels valides. Malheureusement, dans la situation présente, il n'y a plus rien à tenter. Godard, d'ailleurs, alors qu'il se trouve à environ 10 kilomètres au sud d'« Isabelle », vient de recevoir l'ordre de faire demi-tour.

Sur « Isabelle », le colonel Lalande est autorisé à tenter une sortie ou de faire un baroud d'honneur ; il a encore 2 000 coups de 105 mm mais pour un seul canon.

A Diên Biên Phu, c'est l'heure de vérité. Langlais donne l'ordre de détruire armes et munitions, le matériel optique et celui des transmissions ; en bref, tout ce qui pourrait être utile à l'ennemi.

La colonne « Crèvecœur » est partie du Laos, en renfort de la garnison de Diên Biên Phu, mais elle arrive en vue de la vallée au moment où le camp retranché vient de tomber.

(Suite page 144)

1. - Drapeau en tête, les vagues d'assaut viêts foncent vers le PC. A droite, épave d'un C-47 Dakota.

2. - Les Bo Dois foncent dans la fumée. Reconstitution effectuée par les services de propagande du Viêtminh.

3. - Apparemment, ces combattants viêtminh submergent une position du camp retranché. Les « cadavres » ne sont que des prisonniers.généralement nord-africains, qui sont alignés les uns à côté des autres, sans aucune arme apparente. Mauvaise reconstitution.

4. - Un Chaffee est atteint par le bazooka que l'on voit au premier plan. Cette photo, en fait, est une reconstitution réalisée après la bataille sur la piste d'aviation (Muong thah).

5. - Les cadavres sur la colline « C » (baptisée ainsi par les Viêts). Scène de reconstitution.

142

4

5

Vie et effectifs

Au 12 mars, la garnison comprend 12 bataillons, soit 10 831 hommes.

L'approvisionnement quotidien prévu, se montait à 70 t/jour, pour l'entretien normal ; 96 t/jour en période de combat intense.

Les parachutages dépasseront ce quota de près du double, preuve en est le 6 mai avec 196 t larguées, mais depuis le mois d'avril, environ 30 % du frêt tombait aux mains de l'ennemi, à cause du rétrécissement du périmètre du GONO.

L'Air :

En utilisant la piste de 1 150 m, couverte de grilles perforées PSP, les transports ont déposé 9 767 t de matériel.

– Du 14 mars au 5 mai, et au cours des missions « banjos » (commencées à partir du 2 avril) les C-47 ont parachuté 4 236 h dont 3 000 de nuit, parmi lesquels figurent les « volontaires du 1er saut ». Pour ces derniers, le général Langlais se battra pour faire homologuer leur brevet. Evidemment, face à l'administration, avec un conflit déclaré « Hors-guerre »… cela tenait de l'impossible.

Bombardement :

Le 13 mars, les groupes de bombardement alignent 34 B-26 invader, pour 45 affectés ; la différence étant les cas d'indisponibilité technique. Il n'y a que 33 équipages et c'est pourquoi l'aéronautique navale a détaché les effectifs de 10 équipages, après entraînement, et des équipes techniques. Une cinquantaine de marins, sous les ordres d'un premier maître, sera détachée à Do Son, pour réparer les avions endommagés par la DCA.

– Les Fairchild C-119 Packet. Au début de « Castor », il y a cinq appareils détachés, avec des équipages américains, sous contrat. Ils appartiennent à la CAT *(Civil Air Transport)* dépendant du général américain Claire Lee Chenault, « patron » des fameux « tigres volants ». Fin mars 1954, il y a 29 Packet, avec équipages franco-américains.

Ces appareils ont effectué 540 missions, en 4 491 heures de vol, parachutant 3 200 t, 27 appareils ont été touchés, un détruit au sol, un abattu.

Evacuations sanitaires :

Il y aura, entre le 13 et le 27 mars 1954, 326 « évasan » dont certaines par hélicoptères.

Les pertes aéronautiques

Air : 15 morts, 33 disparus, 6 blessés, 43 prisonniers dont ceux du PCIA de Diên Biên Phu.

Aéronautique navale :

11e flottille (Hellcatt) 4 pilotes tués ;

3e flottille (Helldiver) 2 pilotes ;

14e flottille (Corsair) 2 pilotes ;

28e flottille (Privateer) 2 équipages, hormis deux rescapés du 28F-6 (Keromnès et Carpentier) faits prisonniers.

Américains de la CAT : 2 pilotes tués, un grièvement blessé.

Pertes du camp retranché

Le 13 mars, les effectifs sont de	10 813 h
Les renforts parachutés	4 306 h
	15 119 h
moins les Evasan	326 h
	14 793 h
Au 7 mai on dénombre :	1 726 tués
	1 606 disparus
	1 161 déserteurs
Le Viêt-minh capturera	10 300 h

dont 5 864 valides et 4 436 blessés

Du 13 au 28 mai, il rendra 858 blessés graves.

C'est 9 442 combattants de l'Union française qu'il va lancer sur les pistes, à destination des camps, auxquels il faut ajouter les 1 606 disparus déjà précités. Ceci nous donne 11 048 prisonniers. Une cinquantaine vont réussir à s'évader.

Sur 10 998 prisonniers ou disparus, le Viêt-minh en rendra 3 290. Soit 7 708 morts ou disparus en captivité.

M. Pierre Mendès-France qui a dirigé la délégation française à la conférence de Genève, s'était donné, lors de l'investiture de son gouvernement dont il était président du Conseil, de régler l'affaire, c'est-à-dire, traiter avec le Viêt-minh et signer l'armistice dans un délai d'un mois ; la limite étant arrêtée au 20 juillet 1954.

Pari tenu, mais est-ce pour la raison d'Etat qu'il n'a même pas évoqué le sort des prisonniers détenus dans les camps viêts et d'autant plus, que le Viêt-minh ne connaissant pas les conventions de Genève, n'avait pas autorisé les visites des représentants de la Croix-Rouge internationale. Lors des échanges de Vietri et de Sam Son, la vue des corps décharnés, des squelettes même, des plaies purulentes, etc. ne semble pas avoir troublé le sommeil de ce grand homme d'état, un grand humaniste…

Les téléspectateurs le verront pourtant verser des larmes, mais plus tard, à l'Elysée, lors de l'élection de François Mitterand, en mai 1981. Preuve que malgré sa fortune colossale, cet homme-là avait du sentiment.

Castries, après une courte communication avec le général Bodet, se retrouve, pour la deuxième fois de la journée et sans doute la dernière, en liaison avec Cogny. Hanoi semble inquiet du processus, des mots ne doivent pas être prononcés, surtout devant la presse. Cogny avait d'abord laissé parler Bodet, représentant Navarre, puis, Bastiani, son chef d'état-major, mais brusquement la crainte s'empare de lui, il arrache le combiné à Bastiani.

– *Allô, allô, Castries ?*

– *Mon général ?*

– *Dites-moi, mon vieux, il faut finir maintenant, bien sûr, mais pas sous forme de capitulation. Cela nous est interdit. Il ne faut pas lever le drapeau blanc, il faut laisser le feu mourir de lui-même, mais ne capitulez pas. Cela abîmerait tout ce que vous avez fait de magnifique jusqu'à présent.*

– *Bien, mon général, seulement, je voulais préserver les blessés.*

– *Oui, seulement, j'ai un papier moi ; je n'ai pas le droit de vous autoriser à faire cette capitulation. Alors faites ça au mieux, mais il ne faut pas que ça finisse par un drapeau blanc. Ce que vous avez fait est trop beau pour que l'on fasse cela. Vous comprenez mon vieux ?*

– *Bien, mon général.*

– *Allez, au revoir mon vieux. »*

Le papier cité par Cogny contenait les instructions écrites par Navarre, précisant qu'il était exclu de parler de drapeau blanc.

Au PC de Castries, le personnel brûle les archives et quand la nuée de Bo Dois se propage, franchissant le pont Bailey et fonce vers le PC GONO... tout était consommé. Il est 17 h 30.

Un drapeau viêt fut, d'après des photos, déployé au-dessus du PC, par un groupe de Bo Dois, la propagande oblige, mais cela pouvait être une reconstitution.

Giap, dans son ouvrage « Contribution à l'histoire de Diên Biên Phu » raconte qu'ayant appelé au téléphone les camarades Do et Thanh, commandants du secteur Est, il avait demandé si de Castries avait été capturé, si on avait vérifié avec une photo, puis de contrôler les papiers. Rassuré, il donna l'ordre qu'on l'embarque dans une jeep et l'amène à son PC.

Langlais, après avoir brûlé ses papiers, ses notes, fait casser ses machines à écrire, brûle encore son béret rouge. Quand les Bo Dois se saisissent de lui, il porte un vieux chapeau de brousse.

Bigeard, qui n'a pas été identifié, s'est confondu dans la masse des prisonniers ; il pense s'évader. Il sera découvert et regroupé avec les autres officiers.

Le colonel Lalande, sur « Isabelle » n'apprendra qu'à 18 h 30 que le PC GONO est pris par les Viêts. Il pense tenter une sortie dans la nuit, guidée par les derniers tirailleurs thais, restés fidèles jusqu'au bout, mais toutes les tentatives vont être repoussées et les blessés s'ajoutaient aux morts. Pourquoi ?

Un dernier message, transmis à 1 h 50, fut capté à Hanoi. Son contenu était des plus simples : « *Sortie manquée, ne peux plus communiquer avec vous.* »

Le Groupement Opérationnel du Nord-Ouest n'existe plus...

Le baroud d'honneur du GM 100

Pendant que Diên Biên Phu semble monopoliser l'intérêt de tous, le GM 100 rayonne sur la route 19 (Pleiku - An Khé), voie stratégique importante.

La zone comprenant An Khé et sa cuvette, puis s'étend jusqu'au col de Déo Mang, elle est sous contrôle du GM 11, unité entièrement viêtnamienne. Le GM 100, qui arrive sur zone, doit prendre contact avec le commandement des Hauts-Plateaux, pour en obtenir des renseignements sur les unités viêtminh rayonnant dans la région. C'est simple, répond le 2e bureau, il n'y a pas de Viêts dans le coin...

En attendant, le GM 100 reçoit mission de garantir la sécurité de circulation sur la route 19. D'abord en assurant l'escorte d'un convoi jusqu'à An Khé et retour : un trajet d'une cinquantaine de kilomètres, avec des passages obligés et pouvant être à risques dans des zones boisées, avec la protection illusoire de deux petits postes de supplétifs montagnards, commandés par des gendarmes. L'un au PK 22 (poste kilomètrique situé à 22 km d'An Khé), le second, en haut du col Mang Yang, avec l'avantage d'avoir des batteries d'artillerie.

Le convoi effectue l'aller et retour sans incident. Pas de Viêt en vue.

Changement de décor

Le GM 100 est envoyé à Plei Rinh où les Viêts ont été signalés en mouvement. Confirmation deux jours plus tard, quand le régiment 803 attaque en force, mais il ne réussit pas à déborder le GM 100. En revanche, le GM 11, démoralisé par les harcèlements de l'ennemi, se voit relevé par le GM 100.

Le 4 avril, deux compagnies du I/Corée tombent dans une embuscade au PK 14. Les combats durent jusqu'à l'arrivée des chars qui les dégagent.

Le 12 avril, les GM 11 et 21 sont violemment attaqués près du col de Mang Yang. Quelques jours plus tard, la route 19 est coupée...

Pour faire face aux unités viêts en mouvement, An Khé s'organise en camp retranché, avec une piste « dakotable », où s'installe le GM 100, qui lance plusieurs opérations pour reconnaître, aérer la position.

Le 19 juin, avec la relève du général Navarre par le général Ely, c'est également un changement de stratégie. Le GM 100 reçoit l'ordre de démonter et de se préparer à faire mouvement, seul, avec son matériel

1. - Les évadés marchent en direction du Laos. Pour descendre sur un radeau, le légionnaire Kienitz s'approche de l'indigène qui manœuvre. C'est un ancien caporal-chef des tirailleurs laotiens. Il les fera descendre la Nam Hou jusqu'à Lan Tiat, village Meo. Ils arriveront à Muong Saï le 5 juin.

2. - Les évadés de Diên Biên Phu : quatre sous-officiers du Génie (Cablé, Jouatel, Le Roy et Rybak), 2 du 1er chasseurs, des chars Chaffee, (Willer et Ney) et un légionnaire de 1re classe du 1er BEP (Kienitz) s'évadent après quelques jours de captivité. Les voilà en train de se restaurer dans un village méo.

(Photos Willer.)

(Suite page 158)

1. - Les vagues d'assaut franchissent la rivière Nam Youn, sur le pont Bailey qui mène au PC GONO. Partout, on remarque les corolles et les suspentes de parachutes.

2. - Le 7 mai 1954, les Bo Dois du général Vô Nguyen Giap sont arrivés sur le PC du général de Castries. Pour rappeler ce qui s'est passé en d'autres temps et d'autres lieux, un Viêt agite le drapeau de la victoire.

3. - Photo prise pour la propagande viêt, par les équipes du cinéaste Karmen. Pendant toute une journée, les prisonniers du camp retranché ont dû défiler devant le podium installé pour les prises de vues. Elles n'ont eu lieu que trois semaines plus tard et dans une vallée, éloignée de Diên Biên Phu.

4. - Les officiers français du camp retranché de Diên Biên Phu. De droite à gauche : colonel Langlais, lieutenant-colonel Bigeard, colonel Trancart, général de Castries, commandant Vaillant-Voineau, lieutenant-colonel Lemeunier, lieutenant-colonel de Seguins-Pazzis.

3

4

La fin du GM 100.

1. - Le convoi progresse dans le col du Mang Yang, vers le poste sur la crête.

2. - Hellcatt de la 11F, flottille du PA Arromanches, au-dessus du poste de Mang Yang - juillet 1954.

3. - Le convoi du GM 100, vers le PK 12, photographié au lendemain de la grosse embuscade du 24 juin 1954.

4. - Le convoi du GM 100 attaqué, le 17 juillet 1954, près du col du Chu Dreh (route 14). Le GM 100 perdra la totalité de ses véhicules et 50 % de ses effectifs. Une défaite dont on ne parlera pas, après celle de Diên Biên Phu.

1. - Fin de la Conféren-ce de Genève et de la guerre d'Indochine, le 20 juillet 1954 ; la guerre française. En-suite, ce sera avec les Sud-Vietnamiens et les Américains. Une cer-taine paix débutera en mai 1975. (ECPA.)

2. - Libération du géné-ral de Castries. Il a été, en fait, libéré la veille au soir mais le capitai-ne de corvette Bour-dais, commandant la Dinassaut 12, avait ordre de naviguer au ralenti sur le fleuve rouge pour n'arriver à Hanoi qu'au petit ma-tin. Sitôt libéré, Cas-tries avait demandé à Bourdais : « *Est-il vrai qu'on veut me fusiller ?* » (ECPA.)

3. - Le cessez-le-feu est signé. Ce n'est pas la paix, mais les autres combats opposeront d'autres protagonistes. (ECPA.)

4. Le 1er septembre 1954. Le général de Castries, qui vient d'être libéré, reçoit les honneurs de la Légion et des tirailleurs. Ni Cagny, ni Castries, ni les gendarmes de la prévôté militaire ne portent de barrettes de décorations. (ECPA.)

5. - Le général Ely arrive à Saigon pour relever le général Navarre. C'est la liquidation. (Navarre.)

2

5

1. - Conférence de Trung Gia. Les délégués du Viêt-minh sont coriaces. C'est la langue de bois ! Ces pourparlers ont été engagés entre militaires. La délégation française était menée par le colonel Lennuyeux. (ECPA.)

2. - Les unités viêts opèrant au Sud Viêt-Nam sont regroupées à Mytho et Cantho pour être transportées, à bord de LCT de la Marine Nationale, qui les mèneront au cap Saint-Jacques, où les attendent des cargos soviétiques et polonais qui les transfèreront au Nord-Viêt-Nam. (DR.)

3. - Les populations catholiques du Delta du Tonkin se regroupent sur Haiphong qui restera une enclave française jusqu'en juin 1955. (ECPA.)

2

4. - Et les Viêts, vainqueurs, pénètrent dans Hanoi. Derrière, on aperçoit le pont Doumer ; c'est un symbole. (ECPA.)

5. - Geneviève de Galard, libérée le 24 mai 1954, reçoit les honneurs de la Légion. Ici, elle est avec Marthe Higgins, correspondante d'un magazine US. (ECPA.)

5

1. - Libération des camps. Le général Cogny, après avoir salué le colonel Langlais, en chapeau de brousse car il a brûlé son béret rouge, serre la main du lieutenant-colonel Bigeard.

2. - A Viêtri, échange et libération sous double contrôle.

3. - Des prisonniers libérés à Viêtri sont salués par des infirmières du Viêt-minh. C'est la première fois qu'ils en voient. Manœuvre de propagande.

(Photos ECPA.)

3

4. - Le sourire du commissaire politique (Can Bô) Viêtri, tout un programme. Celui établi dans le cadre de la « Haute Clémence du président Hô Chi Minh ». Efficace, si l'on considère que 71,8 % des prisonniers de Diên Biên Phu sont morts dans les camps viêts.

5. - A Viêtri, lieu des échanges de prisonniers, le lieutenant-médecin A. Robert est en conversation avec un responsable viêt devant un prisonnier dont l'état est critique. Pourtant, les consignes de l'état-major sont de ne rien dire afin de ne pas nuire au rythme des libérations.

(Photos ECPA.)

5

1. - Pierre Schoendoerffer et Daniel Camus avec un Can Bô, responsable politique viêt, au moment de leur libération à Viêtri. (ECPA.)

2. - La joie de la libération.

3. - Le commissaire politique accueille un des siens, libéré par les Français. Pour la photo, on pose la main sur l'épaule, mais pour n'avoir pas combattu jusqu'à la mort, il risque de devoir faire son autocritique, puis d'aller en rééducation. (ECPA.)

3

4. - Les géôliers et Can Bô (responsables politiques), sans oublier les infirmières que les prisonniers français n'ont jamais vues quand ils étaient dans les camps, démontrent leur amitié « des peuples ». (ECPA.)

5. - Les prisonniers africains ou nord-africains, « travaillés » au plus près par les commissaires politiques viêts, seront à point pour fomenter des troubles dans leur pays. (ECPA.)

6. - Sur la plage de Sam Son, des équipes de brancardiers viêts attendent leurs prisonniers libérés, les obligeant à se coucher sur les civières ou les nattes, de façon à faire croire qu'ils sont faibles. (ECPA.)

6

lourd et ses véhicules. Un pont aérien évacue une partie du matériel et des civils viêtnamiens d'An Khé.

Le 24 juin. L'embuscade viêt, mise en place au PK 15, accroche brutalement un convoi lourd. L'état-major du GM 100 disparaît. Le colonel Barrou, « patron » du groupement, est blessé et fait prisonnier. La totalité du matériel et des véhicules est détruite. Les rescapés, après un repli à marche forcée dans la jungle, arrivent au PK 22 où les attendent les unités de recueil. Un mouvement s'amorce vers le col de Mang Yang. Le GM 100 a perdu 1/3 de ses effectifs.

Les 27 et et 28 juin, les Bo Dois attaquent à Dak Doa et près de la bretelle de Plei Bon. Le I/Corée réussit à s'en tirer grâce aux blindés. Le soir, les « Coréens » s'installent à Dak Doa.

Le 29 juin, le colonel Massé prend le commandement du groupement qui rallie Pleiku, dont on organise la défense, car l'encerclement de l'ennemi est de plus en plus oppressant.

Le 12 juillet. Le I/Corée accroche sur la route 14 et disperse les compagnies viêts. Le 17, une grosse embuscade se découvre dans le massif du Chu Dreh. Le GM 42 parvient à décrocher, mais en abandonnant ses véhicules. Les deux compagnies, en arrière-garde, bloquées avant le col, sont décimées.

Le 20 juillet, le cessez-le-feu est signé à Genève. L'entrée en vigueur ne se fera que 15 jours plus tard sur les Hauts-Plateaux.

Le GM 100 fait mouvement vers le sud, ralliant sa base arrière de Ben Cat. Mise au repos au cap Saint-Jacques et le 1er septembre, le colonel Massé, dans un ordre du jour, prononce la dissolution du GM 100. Le regroupement des compagnies « blanches » formera le « bataillon de Corée ».

Ils avaient cru connaître l'enfer...

Tout est consommé à Diên Biên Phu. Les Bo Dois, par équipes, et suivant les consignes formelles de leurs chefs, récupèrent tout ce qui peut l'être, regroupent les prisonniers, après les avoir délesté des montres, des stylos, des alliances, des papiers, des photos, de leur portefeuille. Rien ne se perd dans ce monde qui se veut plus près des peuples.

Les prisonniers valides sont répartis par groupes de 400, mais d'abord, les officiers sont séparés des hommes de troupes, les autres, groupés par nationalités ou même couleurs. Tout va changer quand les militaires vont laisser la place aux responsables politiques, des Can Bô.

La prise de contact est unilatérale : « *Vous êtes des colonialistes, des criminels de guerre qui ne méritent aucun égard ! Nous allons vous rééduquer. Le peuple viêtnamien opprimé ne vous tient pas rancune et grâce à la haute clémence de notre vénéré président Hô Chi Minh, vous pourrez bientôt retrouver vos familles.* »

Promesses d'aller dans des camps où les blessés seront soignés, mais d'abord, il faut prendre la route direction l'est et la RP 41. Quant aux blessés, ils sont réunis sous des « guitounes », montées avec des parachutes et des piquets. La plupart ne sont pas soignés. D'autres, les plus graves, sont échangés et évacués par des avions français, autorisés après des accords, de se poser sur la piste.

Sur la route, encadrés par des Bo Dois, les *Tu Binh* (prisonniers) marchent suivant leur état physique, car certains sont blessés. Les Bo Dois d'escorte les talonnent quand ils trainent. Quand l'un des hommes, épuisé, se laisse glisser sur le bord de la route, des coups de crosse l'incitent à se relever et à reprendre sa place. Parfois, quelques coups de feu mettent un terme à la souffrance. Combien sont-ils morts ainsi, anonymes ?

Les fameux camps sont des arrêts à l'écart de la route, sous les arbres. Quelques dizaines de « banquettes » construites avec des branches tordues, protégées par un « toit » formé de grandes feuilles

de bananier empilées, qui ne protègent pas longtemps de la pluie. Ils y restent plusieurs jours. Les visites médicales sont menées par un Can Bô (commissaire politique) qui vérifie les blessures et juge s'il faut soigner, de toutes façons, il n'y a ni pansements, ni médicaments. Très rapidement apparaîtront des cas de gangrène, suivis de décès. Des plaies sont garnies d'asticots. Il y a aussi des amputations, sans anesthésique, juste un bout de bois que le patient se cale entre les dents.

Tous les colis de vivres et de médicaments parachutés par les Dakota, seront confisqués au profit de l'armée viêt-minh. Dans les camps, l'inspiration « démocratique » d'un Can Bô sera d'organiser des cours d'hygiène, à l'aide de bandes dessinées, qui se terminaient par un contrôle de « mains propres ».

La nourriture ? Du riz qu'il fallait chercher, comme le bois, lors de corvées dans des dépôts éloignés. La fatigue de la marche, la chaleur, le poids des charges, affaiblissaient les « corvéables » dont les rangs s'éclaircissaient rapidement, les organismes étaient minés par les amibiases, les crises de paludisme à divers degrés, dysenterie bacillaire, l'avitaminose, la spirochètose (conséquente à l'urine du rat sur le riz mal lavé), le béribéri, le typhus et dues aux pluies torrentielles et à la boue, les angines, les pneumonies, les bronchites, etc.

Les médecins, en tant qu'officiers, vont être dans les camps avec les officiers et, les hommes de troupes, isolés, subiront une mortalité combien plus élevée. Les « infirmeries » étaient, en fait, des mouroirs, situés à l'écart des autres paillottes. Le patient qui y était admis, en sortait souvent pour être enterré.

Chasser le vieil homme

Après une marche à la mort de plusieurs centaines de kilomètres, souvent pieds nus, les prisonniers arrivèrent dans un camp ou plutôt un emplacement, car ils durent construire leurs ca nhà, aménager l'endroit de cuisine, foyer et bidons en guise de marmites, des feuillées. Au bout de quelques semaines, il n'était pas exclu qu'on leur fasse lever le camp pour aller en construire un autre ailleurs.

Parfois, on les faisait loger dans un village, mais en évitant qu'ils aient trop de contacts avec les populations, même si certains logeaient chez l'habitant.

Le manque de nourriture, l'affaiblissement étaient les éléments de base de la rééducation prévue par les Can Bô. Dans les statistiques, il fallait, en moyenne, 6 mois de « traitement » pour un homme de troupe, 18 mois pour un sous-officier et plusieurs années pour un officier.

Le point de départ est la rupture avec le passé. Il n'y a plus de points de repère. La plupart des objets personnels ont été confisqués. Ensuite, il faut creuser un fossé entre la troupe et les officiers, en désignant ces derniers à la vindicte de leurs hommes, guider les rancunes contre les états-majors responsables de leur situation actuelle, contre le gouvernement capitaliste et les impérialistes américains.

Et il y aura l'autocritique où chacun devra s'accuser de crimes contre les populations laborieuses du Viêt-Nam. C'est ainsi que devant tous les autres, le « criminel » peut aussi bien s'accuser d'avoir violé une douzaine de jeunes filles autochtones dans un après-midi. De telles affirmations arrivent à faire sourire les assistants, une goutte de détente dans le malheur. Un autre, accusé d'être un nanti à Paris car il habite un hôtel particulier à Ménilmontant dans lequel il attire de pauvres petites travailleuses habitant avenue George V. Désormais, ayant compris ses erreurs, il ira habiter dans les masures et abandonnera son hôtel aux pauvres filles dont il a abusé. Toutes ces confessions entrainent un sourire satisfait sur le visage du Can Bô.

Et il y aura tous ces morts... Au camp 42, où étaient Erwan Bergot, en 65 jours, il y aura 244 morts sur les 327 rescapés de la longue marche. Pour en savoir plus, il suffit de lire « le manifeste du camp n 1 » de Jean Pouget, pour comprendre le mécanisme du lavage de cerveau.

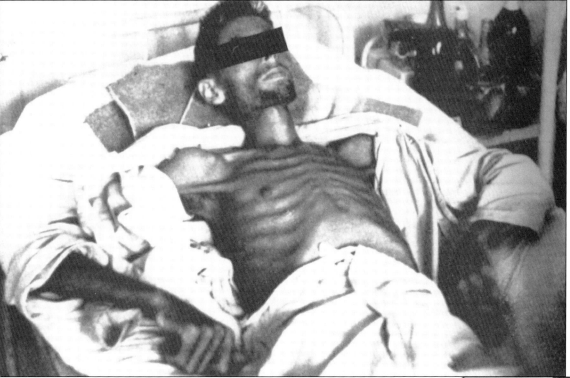

Prisonnier du 23/04/54 au 2/09/54. Amaigrissement extrême - paludisme - œdèmes.

En quatre mois, les prisonniers de Diên Biên Phu perdront plus de 72 % des leurs, grâce à la « haute clémence du président Hô Chi Minh ».

On parla beaucoup de « Vautour »...

Dès le 15 mars, après la chute de deux positions importantes au nord-est et l'abandon d'une troisième, le général Navarre ne se sent pas à l'aise. Evidemment, si on considère que la piste d'aviation de Diên Biên Phu, unique cordon ombilical pour les approvisionnements et les « évasan », était directement exposée aux batteries de DCA, la suite des événements n'inspirait pas l'optimisme.

Le général en chef téléphona au Haut-Commissaire, Maurice Dejean, en lui confiant ses inquiétudes. Le « Haussaire » retransmit la communication à trois membres du gouvernement, Paul Reynaud, président du Conseil, Georges Bidault, ministre des Affaires étrangères, René Pleven, de la Défense Nationale, et deux du Conseil supérieur de défense, le maréchal Juin, inspecteur général des forces armées et le général Ely.

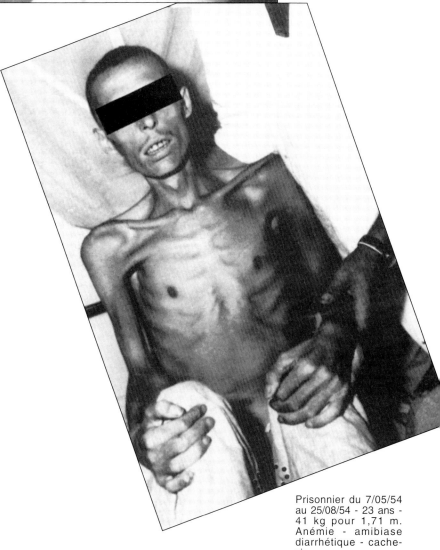

Prisonnier du 7/05/54 au 25/08/54 - 23 ans - 41 kg pour 1,71 m. Anémie - amibiase diarrhétique - cachexie.

Le 22 mars, Dejean réclame d'urgence des renforts en personnel de l'armée de l'air et du matériel. Le même jour, le général Ely débarquait à Washington, en prévision d'être reçu par le président Eisenhower.

Tenu au courant des événements malheureux du corps expéditionnaire français en Indochine et particulièrement ceux de Diên Biên Phu, Eisenhower, dont l'élection avait eu comme argument majeur, la fin des combats en Corée, se sentait mal à l'aise avec cette Indochine, d'autant plus qu'entre-temps, commençait la conférence de Genève.

Le vice-président, Richard Nixon, qui ne manquait aucune occasion de dénoncer le péril communiste, semblerait assez favorable à une aide des Etats-Unis, tandis que le secrétaire d'état John Foster Dulles, sans se découvrir à ce sujet, n'aimerait pas que la conférence de Genève soit un échec pour les français, qui seraient donc contraints d'abandonner l'Indochine aux communistes. Quant à l'amiral Radford, il n'a pas changé depuis son soutien au général Salan, au moment de Na San (1952-1953) et apporte son soutien au général Ely. En revanche, le général Ridgway s'y oppose résolument.

Eisenhower tergiverse. Prudent, il déclare s'en remettre au Congrès, puis à la chambre des représentants. Le sénateur démocrate Earle C. Clements se permit une question fondamentale à Radford ;

« Le plan a-t-il l'accord des autres membres du comité des chefs d'état-major ?

– Non, dit Radford.

– Qui est de votre avis ?

– Personne !

Situation difficile pour Radford qui se justifie par sa connaissance du sud-est asiatique.

La peur d'un conflit international

Les membres du Congrès sont franchement hostiles à une nouvelle expédition en Asie. Foster Dulles convoque Henri Bonnet, ambassadeur de France à Washington et lui propose d'accepter une action unifiée, d'une part avec les Etats-Unis, puis avec une coalition composée des nations libres du sud-est asiatique, des Philippines, du Commonwealth britannique.

Pendant ce temps à Paris, on en est resté aux préparatifs possibles de cet appui, l'opération « Vautour «, c'est-à-dire l'engagement de B-29 décollant de Manille et de chasseurs-bombardiers de la 7e flotte, pour bombarder les collines autour de Diên Biên Phu.

Un projet qui, durant longtemps alimentera les chroniques et les ouvrages d'historiens. Certains, toujours mieux informés et distillant parfois la désinformation, soutinrent la thèse d'un lancement de bombes atomiques, d'autres, plus réalistes, « rectifièrent le tir » en parlant de bombardement avec des bombes lourdes conventionnelles.

Il est vrai que dans l'arsenal, les soutes des bâtiments de la 7e flotte, figuraient des bombes nucléaires. C'était l'époque de la guerre froide et l'arme atomique était la menace permanente brandie par les deux blocs qui s'étaient partagés le monde.

Autre manœuvre d'Eisenhower, demander aux Britanniques ce qu'ils pensent d'une éventuelle intervention. Ils sont carrément hostiles, car elle entraînerait la riposte des Chinois et, par conséquent, les Etats-Unis pourraient réagir par les armes nucléaires et à postériori, tous se retrouveraient en plein conflit mondial.

Les Américains, en faisant de l'accord britannique la condition *sine qua non* de leur intervention, devaient se douter de la réponse. Ainsi, Eisenhower, malgré l'accueil cordial réservé à Ely, se sentait fort aise de la position britannique, d'autant plus qu'il était au courant des manœuvres diplomatiques et secrètes de la Grande-Bretagne.

Au début de la guerre de Corée, le gouvernement travailliste de Clément Attlce avait fourni des réacteurs Rools-Royce aux Chinois pour en équiper leurs Mig. D'autre part, lors de la victoire de Mao Tse Toung sur Tchang Kai Chek, les Britanniques seront les premiers à prendre, discrètement contact par Hong-Kong, avec les représentants du nouveau gouvernement chinois.

L'utilité annexe de l'Indochine

Elle permit aux Américains de déverser leurs surplus de matériels au titre d'un plan d'assistance mutuelle, et d'en tester d'autres.

De nouvelles bombes furent livrées en Indochine, les *Lazy dogs*, bombes à flêchettes anti-personnel, baptisées également *Hail Leaflets*.

A une question posée par un technicien français de l'armée de l'air française à un conseiller américain, qui s'intéressait aux essais :

« Les avez-vous déjà utilisées, demande le Français ?

– Non, ce serait une infraction aux conventions de Genève… »

Les avions français en Indochine utilisèrent plutôt les bombes à fragmentation dont le corps est constitué de ressorts d'acier qui, théoriquement et d'après les Américains, se fragmentaient en

7 000 éclats. Ce type de bombe comportait des fusées à l'avant, à plateau qui, durant la chute, subissait la pression d'air dont l'effet repoussait le plateau et il suffisait d'une branche ou même de hautes herbes pour actionner la mise à feu de la fusée de la bombe « frag ».

Les conteneurs arrière contenaient des parachutes avec un fuseau en moins qui maintenait la bombe verticalement.

« Vautour » était ainsi mort-né. Pourtant, un porte-avions était venu mouiller de nuit, dans le golfe du Tonkin. Un équipage de Privateer, rentrant de mission de nuit, prenant l'alignement du terrain de Cat-Bi (Haiphong), l'avait aperçu. D'autre part, plusieurs officiers de l'US Air Force avaient pris passage sur des appareils survolant le camp retranché, photographiant des détails et récupérant des photos au Gatac nord, afin de faire leurs rapports. Mais la diplomatie faisant la décision… les « faucons » passèrent au vestiaire.

D'autres Américains viendront en Indochine, avant de se battre au Viêt-Nam et, là, la question vaudrait son pesant de diplomatie : *« Depuis l'appui des agents de l'OSS* (office strategic service) *à Hô Chi Minh, est-ce que les présidents des Etats-Unis depuis Roosevelt, Truman qui bénéficie du doute, Eisenhower, Kennedy et les autres… ont été, vis-à-vis de la France, des Alliés ou des "Alliés". »*

Une victoire contestée

Avec le temps et à la suite d'autres conflits qui ont marqué le Viêt-Nam, la griserie résultant de la victoire de Vô Nguyen Giap à Diên Biên Phu, semble s'estomper. De l'histoire on passe facilement à la légende, non de la part du principal intéressé, qui se complaît encore à commenter ses initiatives stratégiques, même s'il confond, en tant qu'adversaire vaincu, face à Christian Brincourt (TF1) qui l'interviewait en 1994, à Hanoi, le général de Lattre de Tassigny mort deux ans avant, et le général de Castries. Tandis que la masse populaire, pourtant longtemps entretenue dans un étroit corridor historique, se rapprochant du culte de la personnalité se dégage grâce à l'ouverture au tourisme et à une profonde attirance envers tout ce qui vient d'ailleurs.

Il y a cependant, un autre son de cloche, qui laisse tinter le tocsin de la gloire. D'après la revue chinoise publiée à Hong-Kong « Chen Ming », les lauriers accordés à Giap auraient dû être partagés avec d'autres partenaires.

Georges Boudarel, lui-même, qui a écrit un livre-album sur Giap, aux éditions Atlas, rappelle dans un article paru dans le Nouvel Observateur du vendredi 8 avril 1983, que cette même revue chinoise, qui exprime, à l'époque, le point de vue officiel de Deng Xiaoping, prétend que Diên Biên Phu a été une victoire chinoise, grâce à trois officiers chinois de haut rang, qui y auraient directement participé. Cette « troïka » comprenait le général Yeh Chen Yinh, officiellement désigné comme « Commandant-en-Chef le front de Diên Biên Phu », assisté des généraux Chen Keng et Ouei Kouo Ching.

Certains pourraient croire que par cette mise au point, la Chine voulait entamer une campagne de dénigrement visant le Nord-Viêt-Nam, après les incidents de frontière et les combats ayant opposé les deux pays. La chronologie rétablit la vérité. La revue concernée avait publié l'article bien avant les succès que la Chine avait obtenus sur l'armée nord-viêtnamienne.

Les mêmes faits furent évoqués lors d'un voyage du général Bigeard en Chine, par des homologues chinois qui lui soutinrent que la victoire, prétendue viêtnamienne de Diên Biên Phu, a été non seulement arrachée, grâce aux conseillers chinois, au matériel et approvisionnements livrés en quantité par l'armée chinoise, mais également aux artilleurs chinois. La question se pose… Qui a raison et qui veut entendre ?

Annexe

LE GROUPEMENT OPÉRATIONNEL DU NORD-OUEST (G.O.N.O.)

I - A la date du 7 décembre 1953, lors de la prise de commandement du colonel de Castries :

UNITÉS DE PARACHUTISTES

Elément divisionnaire aéroporté (E.D.A.P.)
2ᵉ bataillon du 1ᵉʳ régiment de chasseurs parachutistes (2/1 R.C.P.)
1ᵉʳ bataillon de parachutistes coloniaux (1ᵉʳ B.P.C.)
1ᵉʳ bataillon étranger de parachutistes (1ᵉʳ B.E.P.)
5ᵉ bataillon de parachutistes vietnamiens (5ᵉ B.P.V.N.)
6ᵉ bataillon de parachutistes coloniaux (6ᵉ B.P.C.)
8ᵉ bataillon de parachutistes de choc (8ᵉ B.P.C.)   4 907 hommes
17ᵉ compagnie de génie parachutiste
35ᵉ régiment d'artillerie légère parachutiste (35ᵉ R.A.L.P.) 2 batteries de 75
1ʳᵉ compagnie étrangère parachutiste de mortiers lourds (1ʳᵉ C.E.P.M.L.)
342ᵉ compagnie de parachutistes des transmissions (éléments)
L'antenne chirurgicale parachutiste n° 1 (A.C.P. 1)

INFANTERIE

3ᵉ bataillon thaï (B.T. 3)
Détachement d'Africains

ARTILLERIE

Batterie d'artillerie autonome laotienne (B.A.A.L.)

GÉNIE

3ᵉ compagnie du 31ᵉ bataillon de génie (31/3 B.G.)
Le 7 décembre l'effectif passe à 9 700 hommes
En effet, la garnison de Lai Chau est rattachée au G.O.N.O.
    (groupe opérationnel du Nord-ouest), à savoir :

INFANTERIE

2ᵉ bataillon thaï (1 compagnie)
2ᵉ tabor
301ᵉ bataillon vietnamien (B.V.N.)   5 180 dont 2 800 supplétifs
25ᵉ compagnie de supplétifs muletière (C.S.M.)
Compagnie de Thaïs blancs

II - Le 13 mars 1954 : Effectifs globaux du G.O.N.O.   10 871 hommes

ORGANES DE COMMANDEMENT

Quartier général G.O.N.O.
Compagnie de commandement du G.O.N.O. (Groupe Opérationnel du Nord-Ouest)
Etat-major du G.A.P. 2
9ᵉ C.C.S. (compagnie de commandement et des services)
6ᵉ C.C.S. (compagnie de commandement et des services)

INFANTERIE

	Implantation
1ᵉʳ bataillon de la 13ᵉ demi-brigade de Légion étrangère (1/13 D.B.L.E.)	« Claudine »
3ᵉ bataillon de la 13ᵉ demi-brigade de Légion étrangère (3/13 D.B.L.E.) (1)	« Béatrice »

3ᵉ bataillon du 3ᵉ régiment de tirailleurs algériens (3/3 R.T.A.) (2)	« Dominique »
5ᵉ bataillon du 7ᵉ régiment de tirailleurs algériens (5/7 R.T.A.)	« Gabrielle »
1ᵉʳ bataillon du 4ᵉ régiment de tirailleurs marocains (1/4 R.T.M.)	« Eliane »
1ᵉʳ bataillon du 2ᵉ régiment étranger d'infanterie (1/2 R.E.I.)	« Huguette »
2ᵉ bataillon thaï (B.T. 2)	« Eliane »
3ᵉ bataillon thaï (B.T. 3)	« Anne-Marie »
1ᵉʳ bataillon étranger de parachutistes (1ᵉʳ B.E.P.)	Réserve
8ᵉ bataillon de parachutistes de choc (8ᵉ B.P.C.)	Réserve
3ᵉ bataillon du 3ᵉ régiment étranger d'infanterie (3/3 R.E.I.)	« Isabelle »
2ᵉ bataillon du 1ᵉʳ régiment de tirailleurs algériens (2/1 R.T.A.)	« Isabelle »
Compagnie de Thaïs blancs	« Françoise »

ARTILLERIE

3ᵉ groupe du 10ᵉ régiment d'artillerie coloniale (3/10 R.A.C.)	
2 batteries de 105 mm (H.M. 2)	« Isabelle »
1 batterie de 105 mm	« Claudine »
2ᵉ groupe du 4ᵉ régiment d'artillerie coloniale (2/4 R.A.C.)	
2 batteries de 105 mm	« Claudine »
1 batterie de 105 mm	« Dominique 4 »
11ᵉ batterie du 4ᵉ groupe du 4ᵉ régiment d'artillerie coloniale (2/4/4 R.A.C.)	
4 obusiers de 155 mm (H.M. 1)	« Claudine »
Détachement du groupe artillerie antiaérienne du corps expéditionnaire d'Extrême-Orient (G.A.A.C.E.O.)	
1 section d'affûts quadruplés de 12,7	« Dominique 4 »
1 section d'affûts quadruplés de 12,7	« Huguette 1 »
1 compagnie étrangère de mortiers lourds (1ᵉʳ C.E.M.L.)	« Gabrielle »
2 compagnies mixtes de mortiers de Légion étrangère (2ᵉ C.M.M.L.E.)	« Anne-Marie »
1 compagnie étrangère parachutiste de mortiers lourds (C.E.P.M.L.)	« Claudine »

ARME BLINDÉE ET CAVALERIE (A.B.C.)

Escadron de marche du 1ᵉʳ régiment de chasseurs à cheval (1ᵉʳ R.C.C.) et Régiment d'infanterie coloniale du Maroc (R.I.C.M.)	
Pelotons hors rang et 2 pelotons Carette et Guntz (7 chars)	Proximité du Poste central (G.O.N.O.)
Peloton Préaud (3 chars)	« Isabelle »

SERVICES

31ᵉ bataillon du génie (2ᵉ et 3ᵉ compagnies)	« Eliane 11 » et « Claudine »
2ᵉ section de la 5ᵉ compagnie mobile de réparation de la Légion étrangère (C.M.R.L.E.)	C.R. central
29ᵉ antenne chirurgicale mobile	C.R. central
44ᵉ antenne chirurgicale mobile	C.R. central
342ᵉ compagnie para de transmissions (éléments)	C.R. central
2ᵉ compagnie du 822ᵉ bataillon de transmissions	C.R. central
2ᵉ compagnie du 823ᵉ bataillon de transmissions	C.R. central
403ᵉ boîte postale militaire (Antenne)	C.R. central
730ᵉ compagnie de ravitaillement des essences (détachement)	C.R. central
3ᵉ compagnie de munitions (détachement)	C.R. central
1ᵉʳ groupe d'exploitation opérationnel (Intendance)	C.R. central
Détachement de la 3ᵉ Légion à la garde républicaine et la gendarmerie mobile (Prévoté)	C.R. central

RENSEIGNEMENT

8ᵉ groupe de commandos, groupes de commandos mixtes aéroportés (G.C. 8/G.C.M.A.) et détachements de la sécurité militaire	C.R. central
D.O.P. et 6ᵉ section (S.D.E.C.)	C.R. central

AVIATION

Groupes de chasse 1/22 « Saintonge » (G.C. 1/22)	Aérodrome
21ᵉ groupe aérien d'observation d'artillerie	Aérodrome
23ᵉ groupe aérien d'observation d'artillerie	Aérodrome
Détachement de base aérienne 195	Aérodrome

III - Renforts envoyés à Diên Biên Phu du 13 mars au 7 mai 1954

Renforts posés : 8 officiers, 6 hommes de troupe
Renforts largués :

	5ᵉ B.P.V.N.
	6ᵉ B.P.C.
	2/1 R.C.P.
Parachutistes	2ᵉ B.E.P.
	1ᵉʳ B.P.C.
	Antennes chirurgicales parachutistes (A.C.P.) 3, 5 et 6
	Eléments isolés totalisant 850 hommes environ

L'ARTILLERIE DU G.O.N.O.

I - Période du 20 novembre 1953 au 13 mars 1954

A) Organisation et missions

A la date du 13 mars l'artillerie du G.O.N.O. comprend :

- 1 commandement de l'artillerie ;
- 1 groupement A :
  3/10 R.A.C. réparti au point de vue implantation entre Diên Biên Phu et « Isabelle »
  2 compagnies de mortiers
- 1 groupement B :
  2/4 R.A.C.
  1 compagnie de mortiers
  1 batterie de 12,7

B) Action de l'artillerie pendant cette période

Période calme d'activité normale. Participation à l'occupation de la cuvette de Diên Biên Phu et aux reconnaissances offensives menées tout autour. Les consommations pour cette période sont évaluées à :

25 000 coups de 105 ;

10 000 coups de 120 ;

 3 500 coups de 155.

II - Période du 13 mars au 7 mai

- 1 groupement A :
  3/10 R.A.C. regroupé en entier à « Isabelle »
  3 compagnies de mortiers
  Ce groupement réparti au point de vue implantation entre Diên Biên Phu et « Isabelle » a pour mission normale l'appui direct du C.R. de Diên Biên Phu.
- 1 groupement B :
  2/4 R.A.C. implanté dans le P.A. « Dominique » pour assurer essentiellement l'appui direct du C.R. « Isabelle »
- 1 groupement d'action d'ensemble aux ordres directs de l'artillerie du G.O.N.O. et comprenant :
  la batterie de 155
  2 sections de F.T.A. (12,7 utilisés en tir à terre)

L'AVIATION FRANÇAISE EN ACTION A DIÊN BIÊN PHU

CHASSEURS

Groupe de chasse 1/22 « Saintonge »	F8F Bearcat
Groupe de chasse 2/22 « Languedoc »	F8F Bearcat
3ᵉ Flottille d'assaut embarquée (de l'*Arromanches* jusqu'au 30 avril)	SB2C-5 Helldiver
11ᵉ Flottille de chasse embarquée (de l'*Arromanches* jusqu'au 30 avril)	F6F Hellcat
14ᵉ Flottille de chasse	AV-1 Corsaire (3)

Tous ces appareils sont de fabrication américaine

BOMBARDIERS

Groupe de bombardement 1/25 « Tunisie »	B 26 Marauder (américains)
Flottille de bombardement 28F	PB4Y2 Privateer (américains)

AVIONS DE TRANSPORT

Groupe de transport 1/64 « Béarn »	C-47 Dakota
Groupe de transport 2/64 « Anjou »	C-47 Dakota
Groupe de transport 2/62 « Franche-Comté »	C-47 Dakota
Groupe de transport 2/63 « Sénégal »	C-47 Dakota et C-119 Packet

Tous ces appareils sont ex-américains

AVIONS DE RECONNAISSANCE

80ᵉ escadrille de reconnaissance d'outre-Mer	F8F Bearcat
21ᵉ groupe aérien d'observation d'artillerie	Morane 500 Criquet (français)
23ᵉ groupe aérien d'observation d'artillerie	Morane 500 Criquet (français)

AVIONS DE LIAISON ET D'ÉVACUATION SANITAIRE

1ʳᵉ compagnie légère d'évacuation sanitaire,qui fusionna ensuite avec le groupe de formations d'hélicoptères G.F.H.	Sikorsky S-55
53ᵉ escadrille de liaison aérienne (E.L.A. 53)	DHC2 Beaver, L-19 Bird Dog, Siebel NC-701, Martinet (allemands) et Morane 500

AVIONS CIVILS

Les sociétés de transport aérien suivantes affrétèrent des appareils pour Diên Biên Phu ou prirent part à des opérations de ravitaillement par air :

Aigle-Azur	Air Outre-Mer
Civil Air Transport (Taïvan)	C.O.S.A.R.A.
Air Vietnam	C.L.C.T. (Laos)

Avions employés : Bristol 170 britanniques, Boeing 307 B Stratoliner, Curtiss C-16 Commando, DC-4 Skymaster et S.O. Bretagne.

LE CORPS DE BATAILLE VIETMINH

I - Ordre de bataille du 13 mars au 8 mai 1954

Commandant en chef : *Vo Nguyen Giap*
Chef d'état-major du front de Diên Biên Phu : *Hoang Van Thaï* (4)

Division 308 : *Vuong Thua Vu* :
Régiment 36
Régiment 88
Régiment 102

Division 312 : *Le Trong Tan* :
Régiment 141
Régiment 165
Régiment 209
Régiment d'artillerie 134

Division 316 : *Le Quang Ba* :
Régiment 98
Régiment 174
Régiment 176 (incomplet)
Compagnie d'armes lourdes 812

Division 304 : *Hoang Minh Thao* :
Régiment 57
Régiment d'artillerie 345
(les autres régiments d'infanterie étaient absents)

Régiment indépendant 148 :
Bataillon 910
Bataillon 920
Bataillon 900 (incomplet)
Compagnie de transmissions, 523
Compagnie d'arme 121

Division lourde 351 : *Vu Hien* :
Régiment du génie 151
Régiment d'armes lourdes 237 (40 mortiers de 82)
Régiment d'artillerie 41 (24 obusiers de 105)
Régiment d'artillerie 675 (15 canons de 75 de montagne et 20 mortiers de 120)
Régiment d'artillerie antiaérienne 367 (30 canons de 37 et 50 mitrailleuses de 12,7)
Unité de fusées (12 lance-fusées « orgues de Staline »).

(1) Après le 13 mars, des rescapés de « Béatrice » et l'encadrement des pelotons d'élèves-gradés de la 13ᵉ DBLE vont fusionner pour former la 10ᵉ Compagnie, sous les ordres du capitaine Philippe.

(2) Il y avait également une compagnie, ne comprenant que 38 supplétifs, originaires de la région de Phat Diem, commandés par le sergent-chef Cadiou (IIIᵉ RTA). Ils défendaient « Dominique 2 », position qui sera submergée le 30 mars.

(3) La 14 F était normalement armée de F4U-7, mais l'urgence de l'intervention et la lenteur prévisible du transport de ces appareils nécessita le prêt des AU-1 livrés à Tourane.

(4) Polémique existant au sujet des conseillers militaires chinois.

Conclusion

La bataille perdue de Diên Biên Phu vient s'ajouter à la liste d'autres comme Camerone, Bazeilles, Sidi Brahim, fidèlement commémorées par les unités qui ont hérité des traditions des combattants d'alors.

Après Diên Biên Phu et les gifles distribuées à des membres du gouvernement lors d'une cérémonie à l'Arc de Triomphe, les commentaires allèrent bon train, cherchant les coupables de cette défaite depuis les journalistes, correspondants en Indochine, qui ne quittaient le camp de Presse que pour la « taverne Royale » à Hanoi ou le « Continental » à Saigon, jusque dans les états-majors.

Il y eut des rapports, des commissions d'enquête, des livres « justificatifs » ou de règlements de comptes ; l'histoire ou des histoires… Dans un certain esprit de justice, il est nécessaire de rappeler que personne n'avait voulu prendre le commandement en Indochine, que le général Navarre a été désigné, alors qu'il n'appartenait même pas aux troupes coloniales, qu'on le chargeait de « régler » tout au mieux, dans les meilleurs délais, sans obtenir de renforts. Quant au général de Castries, il a été d'abord encensé par la presse, puis « sali »… Il fallait bien des coupables, mais personne n'avait voulu prendre le commandement de Diên Biên Phu.

En parlant de nouveau de coupables, pourquoi n'a-t-on pas jugé tous ceux qui étaient impliqués dans l'affaire des fuites ? Des ministres, des hauts fonctionnaires, des journalistes de renom… Toutefois, depuis 1945, on ne comptait plus les scandales qui avaient jalonné la IVᵉ République, depuis les bons d'Arras, le scandale des vins, l'affaire des généraux, maintenant les « fuites », en attendant le scandale des piastres. Il y a eu des faux titres de résistants, pour « dédouaner » des personnalités, des hauts fonctionnaires qui démissionnaient, en emportant leurs dossiers d'enquête, pour se voir offrir une place de choix à la banque d'Indochine, les secrets livrés aux Viêts, furent déclassifiés du secret et du militaire, par le président du Conseil, très ennuyé, qui déclara officiellement qu'il n'y avait pas de guerre en Indochine, mais des opérations de police. L'administration en profitera pour classifier, pour les pensions, les morts et les blessés en « Hors-guerre » (1). Quant aux prisonniers, rescapés des camps viêts, ils attendront plus de vingt ans qu'on leur rende justice, en leur accordant une pension qui fut loin, en tous points, des pensions spéciales données aux rescapés des camps nazis.

Le morale de cette histoire pourrait être une question. Pourquoi dans chaque commune, qui a élevé un monument aux morts, est-il gravé dans le marbre ou la pierre : « La France reconnaissante à ses morts… » ? Qui, reconnaissante pourquoi ? Parce qu'ils ne réclament plus rien !

Cet ouvrage n'est qu'un aide-mémoire, alors qu'il y a cinquante ans débutait la guerre d'Indochine et que peu de Français, en sortant à peine de la Deuxième Guerre mondiale, ne se souciaient de ce qui se passait à 12 000 km de l'hexagone. Les dix-huit gouvernements qui se succèderont dans l'intervalle de cette guerre, non reconnue comme telle, mettront souvent « en scène » les mêmes acteurs et la seule expérience qu'ils vont en tirer, sera le trafic d'influence ; certains sont encore là aujourd'hui ou viennent de décéder.

A tous les anciens d'Indochine et particulièrement de Diên Biên Phu, je me fais un devoir de poursuivre ce combat d'information, quoique cela puisse me coûter ; ce sera un coup de chapeau… de brousse, bien sûr !

Remerciements :

Le général René de Biré, Président de l'Association nationale des combattants de Diên Biên Phu, le colonel-médecin Rondy, Alfred Brecht-Meyer, François Willer, Fernand Ney, le commandant Raymond Muelle, le général Caubel, le général Baujard, M. Texier.

Tous les amis de l'ECPA : Pierre Bideault, Guy Clodet, Paula Bertin, Patricia Thirel, le capitaine Chaumette, Sylvie Senard.

Pour ses insignes : Claude Roskam.

---

(1) L'Algérie, le Tchad, le Liban, les opérations « africaines » où l'on mourrait aussi bien, seront également « Hors-guerre ».

Bibliographie

ACCOCE (Pierre) - *Les médecins à Diên Biên Phu.* (France-Loisirs, 1993.)

BERGOT (Erwan) - *Les 170 jours de Diên Biên Phu.* (Presses de la Cité, 1979.)

BERNIER (Jean-Pierre) - *G.M. 100.* (Presses de la Cité, 1978.)

CLÉMENT (Claude) - *L'affaire des fuites - Objectif Mitterand.* (Olivier Orban, 1980.)

DESPUECH (Jacques) - *Le trafic des Piastres.* (Table Ronde, 1953.)

FAUCHER (Jean-André) et FEBVRE (Jean-Louis) - *L'affaire des fuites* (E.F.I., 1955.)

FALL (Bernard) - *Diên Biên Phu, un coin d'enfer.* (Laffont, 1968.)

GRAUWIN (Docteur) - *J'étais médecin à Diên Biên Phu.* (France-Empire, 1974.)

HÉMERY (Daniel) - *Hô Chi Minh. De l'Indochine au Viêt-nam.* (Découvertes/Gallimard, 1995.)

LACOUTURE (Jean). *Hô Chi Minh.* (Seuil, 1967.)

LANGLAIS (Général Pierre) - *Diên Biên Phu* (France-Empire, 1963.)

LAURENT (Arthur) - *La Banque de l'Indochine et la Piastre.* (Deux Rives, 1954.)

LE MIRE (Henri) - *Epervier. Le 8ᵉ choc à Diên Biên Phu.* (Albin-Michel, 1988.)

MUELLE (Raymond) - *Commandos et maquis. Service-action en Indochine. GCMA-Tonkin. 1951-1954.* (Presses de la Cité, 1993.)

MUELLE (Commandant) et DEROO (Eric) - *Album Services Spéciaux. Armes-Techniques-Missions.* (Crépin-Leblond, 1992.)

NAVARRE (Général Henri) - *Agonie de l'Indochine.* (Plon, 1956.) *Le temps des vérités.* (Plon, 1979.)

PAILLAT (Claude) - *Dossier Secret de l'Indochine.* (Presses de la Cité, 1964.)

PISSARDY (Jean-Pierre) - *Paras d'Indochine 1 et 2.* (S.P.L., 1982.)

POUGET (Jean) - *Nous étions à Diên Biên Phu.* (Presses de la Cité, 1964.) *Le Manifeste du camp nᵒ 1.* (Fayard, 1969.)

ROCOLLE (Pierre) - *Pourquoi Diên Biên Phu ?* (Flammarion, 1968.)

ROY (Jules) - *La bataille de Diên Biên Phu.* (Julliard, 1963.)

RUSCIO (Alain) - *Diên Biên Phu. La fin d'une illusion.* (L'Harmattant - « Les racines du présent », 1987.)

SALAN (Général Raoul) - *Le Viêt-minh, mon adversaire.* (Presses de la Cité, 1970.)

TEULIERES (André) - *La guerre du Vietnam 1945-1975.* (Lavauzelle, 1978.)

GIAP (Général Vo-Nguyen) - *Diên Biên Phu.* (Hanoi E.L.E., 1959.) *Guerre du peuple, Armée du peuple.* (Maspéro, 1968.)

BAIL (René) - *Les pingouins d'Indochine.* (E.M.O.M., 1979.)

BAIL (René) - *Les combats de l'Impossible. Indochine 1953-1954.* (Lavauzelle, 1985.)

BAIL (René) - *Dernier baroud à Diên Biên Phu.* (Jacques Grancher, 1990.)

Errata

1 - Le camp retranché face au Viêt-Minh

Page 2 : Colonne de droite, 3ᵉ paragraphe, 3ᵉ ligne, lire « 1953 » au lieu de « 1943 ».

Dernier paragraphe : lire « consignes au général de Lassus ».

Page 5 : Photo 4 : lire F6F au lieu de FGF.

Photo 5 : lire AU-I au lieu de AV-1.

Page 6 : Encadré « Qui est Hô Chi Minh ? : Si tu ne vas pas à la Révolution », 2ᵉ paragraphe : lire « décolonisation » au lieu de « colonisation ».

Page 7 : Paragraphe débutant par « Le retour des Français est accepté », 3ᵉ ligne, lire « morts » au lieu de « ports ».

Même page, tout en bas, 4ᵉ ligne avant la fin, lire « des cris, des hurlements ».

Page 9 : Dernier paragraphe, dernière ligne, lire « GCMA ».

Page 10 : Encadré, avant-dernier paragraphe, 3ᵉ ligne avant la fin, lire « qui avait une dent ».

Page 14 : « Opérations » (au pluriel dans le titre).

3ᵉ paragraphe, dernière ligne, lire « menant » au lieu de « mettant ».

Paragraphe suivant, lire « Dakota et Bearcat » sans « s ».

Même motif pour le 6ᵉ paragraphe.

Page 16 : « de la Corée aux Hauts-Plateaux d'Annam », 1ᵉʳ paragraphe, lire « Pan Mun Jom ».

3ᵉ paragraphe, 3ᵉ ligne, lire « combler ».

Page 22 : Photo 1, lire « Dakota » sans « s ».

Photo 2, lire « DZ » au lieu de « D2 ».

Photo 4, lire « MAS-36 » au lieu de « M25-36 ».

Page 26: Photo 3, lire « Langlais » au lieu de « Langlois ».

Page 28 : Colonne de droite (division 304), avant-dernière ligne, lire « actualisée » au lieu de « acutalisée ».

Page 32 : Photo 9, lire « Cyclope » au lieu de « cyclone ».

Page 33 : Photo 11, lire « Cyclope » et « Nicolaï » au lieu de « « cyclone » et « Nocolaï ».

Page 39 : Photo 8, lire « traverse » au lieu de « traversent ».

Page 48 : (L'appui aérien à Diên Biên Phu), colonne de gauche, 2ᵉ paragraphe, lire « Morane-500 » au lieu de « Morane-50 ».

(L'aéronautique navale), colonne de droite, 4ᵉ paragraphe, 1ʳᵉ ligne, lire « PB4-Y2 » au lieu de « PB47-2 ».

Page 49 : Note 2 et photo 6, lire « Doe de Maindreville » au lieu de « Doc de Maindreville ».

Photo 6, lire « de Castelbajac » au lieu de « de Catelbajac ».

Page 52 : Photo 2, lire « FUHIU » (en capitales).

Photo 3, lire « F-RAST » (en capitales) et lire « lt Baujard » au lieu de « lt Bayard ».

Page 58 : (L'installation du camp retranché), 1ʳᵉ ligne, lire « Dakota » sans « s »

4ᵉ ligne, lire « parachuté » au lieu de « parchuté ».

Photo 2, 3ᵉ ligne, lire « Gaucher » au lieu de « Baucher » et lire « Bourgeade » au lieu de « Gourgeade ».

Page 60 : (Les premiers contacts), 4ᵉ paragraphe, 5ᵉ ligne, lire « Pollux » au lieu de « Pollus ».

Photo 2, 3ᵉ ligne, lire « Lalande » au lieu de « Lolande ».

Page 62 : (Intermède « Pollux »), 2ᵉ paragraphe, 3ᵉ ligne, lire « (GMPT) » au lieu de « (GMPI) ».

Page 63 : Photo 4, lire « Dakota » sans « s ».

Page 64 : Schéma, lire « Diên Biên Phu - PA "Gabrielle" ».

Page 67 : Insigne 11 : « 35ᵉ Régiment d'Artillerie Légère Parachutiste ».

Page 68 : Rectifications : insignes 2 et 3 : ELA 52 - ELA 53 ; 4 : S/GMMTA ; 5 : EROM-80.

Page 69 : Insigne 11, lire « AU-1 » au lieu de « AV-1 » et lire « pseudo : Jean Brusc » au lieu de « pseudo : Jean Brux ».

2 - L'agonie

Page 83 : Colonne de droite, 2ᵉ paragraphe, lire « étonnement » au lieu « d'étonnant ».

3ᵉ paragraphe, 3ᵉ ligne avant la fin, lire « alors » au lieu de « tandis ».

Page 85 : Colonne de gauche, dernier paragraphe, 3ᵉ ligne, lire « Appelle » au lieu de « appelles ».

Page 88 : Colonne de gauche, 2ᵉ paragraphe, lire « équipes » au lieu de « équipages ».

Colonne de droite, dernière ligne, c'est le NC-701 Siebel qui est de l'escadrille de liaison aérienne n° 53 (ELA 53).

Page 90 : 2ᵉ paragraphe, colonne de gauche, 6ᵉ ligne, lire « Boyer ». Même paragraphe, avant-dernière ligne, lire « C-47 », au lieu de « G-47 ».

Page colonne 91 : colonne de gauche (Triste fin de « Gabrielle »), 4ᵉ paragraphe, 1ʳᵉ ligne, lire « Assisté de Kah ». Même paragraphe, avant dernière ligne, lire, 17 h 30 » au lieu de « 7 h 30 ».

Page 94 : Colonne de gauche, 1ʳᵉ paragraphe, avant dernière ligne, lire « à s'éclaircir ».

Page 96 : Encadré (La tour prend garde), 17ᵉ ligne, lire « cochers ».

Page 112 : Colonne de gauche, 3ᵉ paragraphe, 5ᵉ ligne, lire « lieutenant de vaisseau Lespinas » supprimer la particule.

Page 118 : Photo de gauche, lire « Bigeard » au lieu de « Bégeard ».

Page 120 : Colonne gauche, dernier paragraphe, lire « Zoulou-Zoulou ».

Colonne de droite, « Dakota », au 6ᵉ paragraphe. Ensuite au 8ᵉ paragraphe, 2ᵉ ligne, « nombre accrochages ».

Page 128 : Photo 2, lire « DZ » au lieu de « D2 ».

Page 131 : Avant-dernière ligne du 6ᵉ paragraphe, lire « convoitent » au lieu de « convoient ».

Page 137 : Photo 5, lire « Muong Thanh ».

Page 139 : 5ᵉ paragraphe, lire « Dakota » sans « s ».

Page 141 : Colonne de gauche, 1ᵉʳ paragraphe, 1ʳᵉ ligne, lire « Pouget » au lieu de « Puget ».

Page 144 : Encadré, avant-dernier paragraphe, 2ᵉ ligne, lire « reconnaissant » au lieu de « connaissant ».

Achevé d'imprimer
le 1er trimestre 1997
sur les presses
de l'Imprimerie Néo-Typo
25000 Besançon
Dépôt légal : 19076 H